ちくま新書

関東大震 …… 」の真相

——ハーバード大学

渡辺延志
Watanabe Nobuyuk

1596

関東大震災「虐殺否定」の真相――ハーバード大学教授の論拠を検証する【目次】

はじめに

「読んでほしいものがあるのですが」

　そんな連絡を親しい歴史学者の大学教授から受けたのは二〇二一年二月のことだった。「慰安婦は契約による売春婦だった」という趣旨の論文を発表したとして物議を醸していた米国ハーバード大学のマーク・ラムザイヤー教授が、関東大震災を取り上げた論文も書いていたというのだ。英国ケンブリッジ大学出版局が刊行する本に収録の予定で、大震災の混乱の中、朝鮮人を虐殺した日本人の自警団は、機能を失った社会における警察民営化の一例だったとの考えを示すものだという。そして、虐殺の原因となった「朝鮮人が放火した」「井戸に毒を投げ入れた」などの流言は実体のない嘘ではなかったとしたうえで、殺された朝鮮人の数はこれまで語られてきたほどには多くはないと主張する内容だそうだ。

　その論文のレビュー（書評）を、ケンブリッジ大学出版局に提出するために書いてもらえないかという依頼だった。

歴史を主な取材対象とするジャーナリストである私は、日本と韓国の間の歴史認識の溝に関心を持ち、その具体的な事例の一つとして関東大震災における朝鮮人虐殺について取材をしてきた。「虐殺はなかった」とか、「殺された朝鮮人はいたが犯罪者で、日本人の自衛行動だった」などと「虐殺否定」論を唱える人が日本にはいるのだが、文筆家や政治家、社会運動家といった人たちであり、研究者が論文として発表したものは見たことがなかった。学術的には論争になりえない領域だと考えていた。

ところが、そうした主張がついに海外にまで舞台を広げたということのようだ。それもハーバード大学の先生がケンブリッジ大学出版局で発表するというのだ。

「世界の最高権威」という言葉が頭をよぎった。

そのようなお墨付きを備えた「虐殺否定」論とは、何を根拠とし、どのような論理なのだろう。好奇心にも促され読んでみた。

論文の構造はすぐに分かった。主張の大きな論拠となっているのは当時の新聞記事なのだ。「この記事に朝鮮人の犯罪が書かれている」「同じような記事は全国にあふれている」と指摘し、独自の主張を展開しているのだ。

一九二三(大正一二)年九月一日の震災発生の直後のものが目立ち、流言をそのまま伝えた誤報の記事なのだろうとの印象を受けたが、一〇月半ばを過ぎての記事もあり、流言というだけでは説明しきれないことも分かった。

しっかりとした検討が必要だと考え調べ始めると、すぐに気づいたことがあった。空前の混乱のもと、新聞には真偽の判然としない記事があふれていた。そうした記事を新聞の側が総括することなく放置してきたことが、このような主張を生み出す大きな原因となっていたのだ。どの記事が正しく、どの記事が誤報なのか、けじめをつけることなく放置されてきたのだ。

日本と韓国の間で歴史をめぐる葛藤が深まる中、このような問題がさらに他の国にまで飛び火することが望ましいとは思えない。新聞記者として四〇年を生きた私にとって、それはいささか考え込まざるをえない事態だった。

経験を生かしてできることはないだろうかと考え、論文で取り上げられた新聞記事の実態や背景を探ってみることを思い立った。

未曽有の災害に当たり、一〇〇年前の新聞記者は何をしたのか。どのようにして情報を集め、記事はどのような状況、環境で書かれたのか。そして膨大な誤報はなぜ生まれ、放置されたのか……。

この書はそのような発想で始めたささやかな試みの報告である。

当時の新聞を読み進むうちに深まった思いがあった。怪しげな情報を人々は信じ、ためらう様子もなく残忍な行動へと走った。その結果は深刻で甚大だったが、事実から目をそむけることで、なかったことのようにして日本社会は過ごしてきたのだ。関東大震災の被災者を揺さぶった流言やそれを報じた新聞記事、さらにはその処理には、今日の言葉でいうところのフェイクニュースがあふれていた。その実態がどのようなものであったかを考えることは、一〇〇年前に何があったのかを知るにとどまらない意味を持つはずだ。

資料の引用に当たっては、今日では差別的とされる言葉もそのまま用いた。漢字や仮名遣いは今日のものに代え、必要に応じて句読点を補った。また、夕刊は発行された翌日の日付を天欄（紙面上部の欄外の余白）に示すことが慣例になっていたが、本書では原則として実際に発行された日付を採用した。

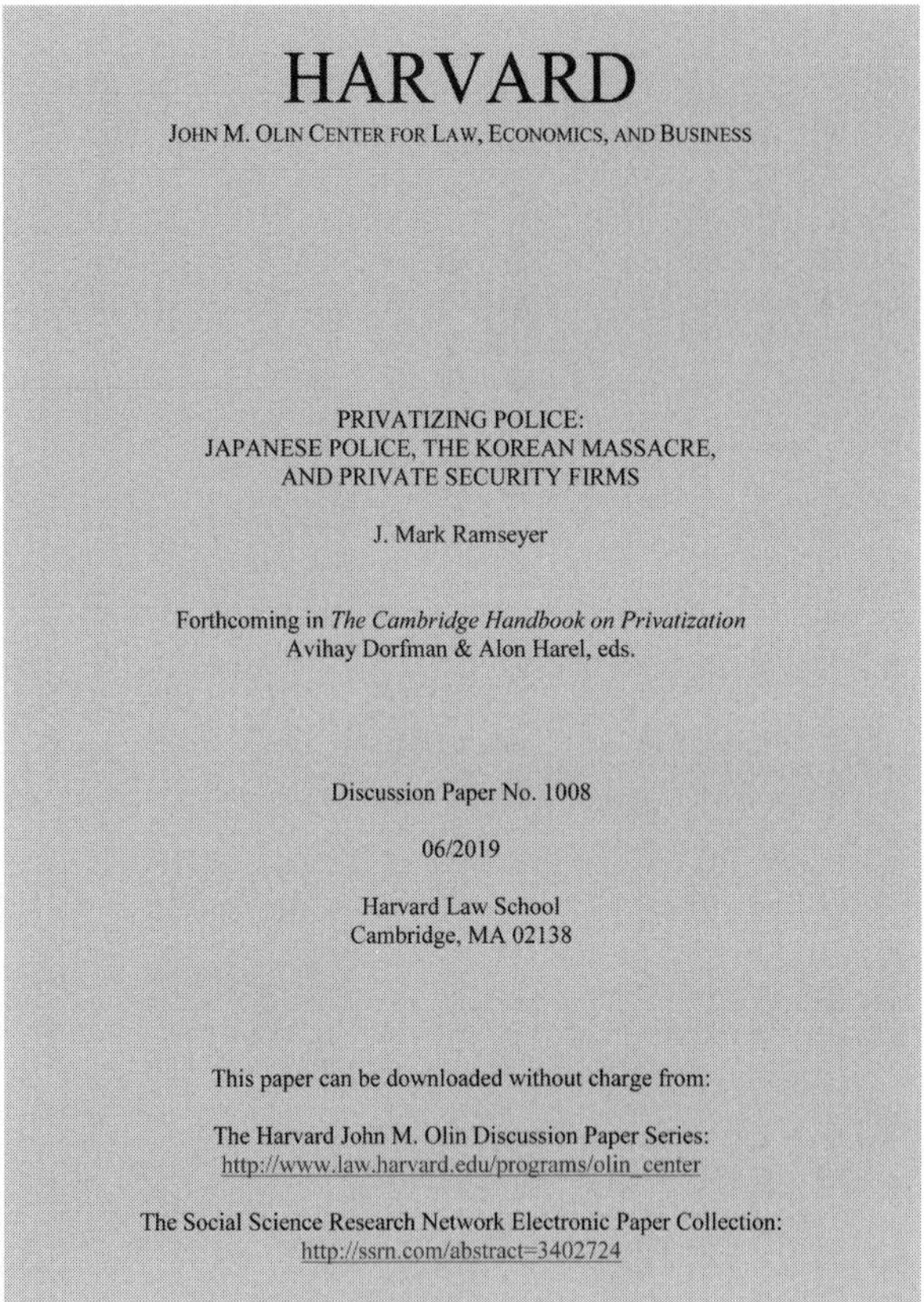

HARVARD

JOHN M. OLIN CENTER FOR LAW, ECONOMICS, AND BUSINESS

PRIVATIZING POLICE:
JAPANESE POLICE, THE KOREAN MASSACRE,
AND PRIVATE SECURITY FIRMS

J. Mark Ramseyer

Forthcoming in *The Cambridge Handbook on Privatization*
Avihay Dorfman & Alon Harel, eds.

Discussion Paper No. 1008

06/2019

Harvard Law School
Cambridge, MA 02138

This paper can be downloaded without charge from:

The Harvard John M. Olin Discussion Paper Series:
http://www.law.harvard.edu/programs/olin_center

The Social Science Research Network Electronic Paper Collection:
http://ssrn.com/abstract=3402724

第一章

ラムザイヤー教授の論文を読む

2019年6月に執筆された、ラムザイヤー教授の論文の表紙。HARVARDの大きな文字が目につく

1　治安という正常財

ラムザイヤー教授の論文は英文で、日本語にすると「警察の民営化：日本の警察、朝鮮人虐殺、そして民間警備会社」がタイトルである。二〇一九年六月と執筆の日付があり、インターネット上の学術論文サイトで公開されていた。A４判で二七ページあり、表紙や要旨、附表、参考文献を除くと本文部分は一七ページである。表紙には「HARVARD」の文字がひときわ大きく掲げられ、「ケンブリッジ・ハンドブックで刊行予定」と記されていた。

ケンブリッジ大学出版局のホームページで確認すると、「各分野の最新情報を網羅した、真に幅広い内容である」とハンドブックシリーズの説明があった。言語学、法学、心理学の三つの分野があり、刊行リストには二〇二一年二月段階で一二六のタイトルが並んでいた。「知恵」「想像」といった哲学的テーマがあれば、「子供の言語」「消費者の心理学」「音韻論」など専門性の高いテーマもあり、「日本語の言語学」という一冊も見える。その法学分野で企画された「民営化」をテーマにした一冊に収録される予定の論文だと理解できた。

†論文の要旨

どんな内容なのだろう。読んでみよう。

冒頭には論文の「要旨」が掲げられている。以下のようなものだ。


公共の治安は、規模の経済を伴う排除できない公共財であることが多い。このような明白な理由から、現代の民主主義国家は、基本的な治安サービスを公費で住民に提供している。

だが、保護する能力は捕食する能力と重なる。その結果、機能不全に陥った社会では、政権が治安装置を利用して利益を引き出すことがある。時には、治安機関がその資源を使って自分たちの利益を引き出すこともある。

公共の治安は正常財でもある。人々が求める治安のレベルは、所得に応じて上昇する傾向がある。したがって、裕福な市民は、市場で追加的なレベルの治安を購入することを選択することが多い。民主主義国では、公共の警察が提供する治安を補完するために購入する。機能不全に陥った社会では、公共の警察から自分を守るために、このようなことをするのである。

このようなシンプルな原則を、日本における近代的な警察組織の発展、一九二三年の大地震後の朝鮮人虐殺、そして近代的な民間警備会社の発展という例から説明する。

「治安」の語はsecurityに当てたのだが、違和感のある場合は「安全保障」とか「セキュリティー」と読み替えてほしい。「捕食」はこの論文ではたびたび登場するpreyという語を日本語に置き換えたもので、「(市民を)食いものにする」とか「(市民に)犠牲を強いる」といったニュアンスなのだろう。「正常財」は所得が増えると消費が増えるという種類の財のことである。

このページに「ハーバード大学三菱日本法学教授」とラムザイヤー氏は自身の肩書きを示している。三菱グループの寄付で設けられた日本の法律についてのポストのようで、さらに「ハーバード大学法科大学院と東京大学法学部の惜しみない支援に感謝する」と記している。ハーバード、ケンブリッジに加えて東京大学も登場した。これ以上はない権威のそろい踏みといえるだろう。

†治安サービスを考える枠組み

次のページからが論文の本体部分である。

第一章のテーマは「公共財」で、Ａ「論理」の説明で始まる。要約すると次のような内容である。

秩序を維持し、犯罪を抑止する過程で、警察官は規模の経済に直面する。彼らの捜査や介入、あるいは存在自体を通して、財産を奪ったり他人を傷つけたりするかもしれない人々の数を減らす。同じことをするために私的な警備員のチームを私は雇うことができるし、隣人も可能である。しかし、そうすれば、初めから協力して通りのすべての家を同時に保護するチームを雇った場合よりも不可避的に多くを費やすことになる。

同じ論理は軍事力にも当てはまる。警察の役割と軍による保護は一般的に分けて考えられるが、両者には同じ原則が当てはまる。警察官は国内の襲撃者から私たちを守ってくれる。軍隊は外国の襲撃者から守ってくれる。どちらも規模の経済が伴う。そして両方とも排除できない公共財を供給するのである。

続くBは「機能する政府と機能しない政府」がテーマである。

この論理は裕福な民主主義国に当てはまる。日本や米国、西欧の諸国などがそれで、基本的な治安サービスを政府から得ることに市民が費用を投じることを選ぶ理由である。そして、ほとんどの場合、人々は同様のレベルの保護を購入する。他の国と較べると、ドイツは多くの警察官を雇用し、日本と韓国は少ない。人口当たりの殺人の比率では、米国は高いが、日本は低い。この論理は、うまく機能しない政府を持つ社会とは連関性が低くなる。独裁政権が警察を掌握していれば、権力の維持に警察を利用することもあるだろう。掌握できなければ、警察が自らの利益のために権力を用いることもあるだろう。

Cは「一九世紀の日本」で、幕末維新以来の日本の歴史を説明している。

一九世紀後半の日本の軍将校（侍）は、米海軍が徳川政府（幕府）に港を開くよう圧力をかけたことで、いくつかの離れた領域（藩）の軍将校たちがクーデターで政府を転覆させた。名目的には京都にいた天皇に権力に返したので明治維新と呼ばれるが、天皇はそれ以前と同じ名目上の元首のままだった。軍の将校たちは一つの軍政を倒し、自分たちの軍政に置き換えたのだ。

続けて明治政府の歩みを述べる。

その後の二〇年で、新たな指導者たちは権力を着実に強固なものにした。民主主義の導入や慈善団体の運営はしなかった。彼らは支配権をわがものにし、その努力への報酬を堂々と得た。安定と繁栄を提供すれば、国内での支持が増え、外国の脅威を抑えるのに必要な資源をもたらすことを彼らは知っていた。

権力を強固にするために、新しい指導者は軍隊を創設した。一八七一年に競合する藩を廃止し、藩の軍を解散させるよう努力を始めた。それは困難なプロセスであり、一八七七年の内戦を経て初めて実現した。彼らの藩の軍隊から国軍の核が形作られた。将校は、ほとんどを彼らの郷里の藩から採用し、一般兵士を確保するために一八七三年に徴兵制を導入した。

さらなる支配のために、新たな指導者たちは国家警察を創設した。一八八一年までに、その基本的な組織を整えた。その同じ年に、軍内の秩序を維持するために憲兵を創設した。一九一〇年に、幾人かのアナキストと社会主義者が天皇を暗殺することを企てると、国の政治体制を脅かす可能性のあるグループを監視するために特高警察を創設した。

「一八七七年の内戦」とは西南戦争のことだろう。

†関東大震災における民間の治安維持

ここで第二章「保護と掠奪」に移り、A「論理」が示されている。

政府が市民を保護する組織を創設すると、市民を捕食する組織が必然的に創設される。保護のための組織の機能の多くは、捕食する組織の機能と重複する。機能不全の政府というものは、往々にして、捕食するという側面を抑制できない。民間の治安組織も同じ問題を抱えている。ある人（または会社やグループ）が、家族や財産を守るための組織を維持しているとしたら、その組織は公共財を提供することになる。犯罪を抑止するという範囲において、他の市民に正の外部性を提供することになる。

この後、オーストラリアを事例に民間警備産業が犯罪を減少させたことを紹介している。米国では一九世紀後半に労働者のストライキを破るために民間組織が利用され、二〇世紀初頭の禁酒法の時代にはアルコール流通に関わる人々が公的な警察を頼りにできないため、その空白を埋めるサービスが登場したと説明する。

Bは「機能不全の政府」である。

民間警備サービスは政府が弱い社会で繁栄する。住民は自身と家族を守るために人を雇う。財産を守るために人を雇う。契約を実行するために人を雇う。警察の保護が効果的に提供される状態であれば、民間サービスは必要とされないだろう。その保護がないために、彼ら自身で人を雇うのだ。

そして、強力な政府が存在しなかった一九世紀のシチリアでマフィアが力を得たこと、人口五七〇〇万人の南アフリカでは一五万二〇〇〇人の公的警察のほかに八七〇〇の警備会社があり四八万九〇〇〇人が雇われていると説明する。そうした民間警備会社の経営者の中には犯罪者が含まれていることがあり、政府が機能不全の状態では、公的権力の立場にいる人間が自らの私的利益のために民間警備会社を操ることがあるとしてモルドバやスワジランドなどの名前をあげている。

Cは「一九二〇年代の日本」である。「一・震災」ではこう述べる。

一九二三年の東京での地震で、日本の若い男たちは、保護活動と掠奪活動を重ね合わせたような動きを見せた。九月一日、マグニチュード七・九の力は建物を倒壊させ、住宅を破壊した。午前一一時五八分のことで、多くの人は昼食の準備中だった。木炭と灯油のコンロを散乱させ、ガス管を切断し、木造の住宅を燃え上がらせた。迫り来る台風の風が関東（首都圏）平野を横切り、炎を煽った。余震は執拗に続き、火は三日間燃えた。

衝撃と火災により、東京の四〇%（二九万三〇〇〇戸）が破壊され、人口の六〇%が家を失った。ガス、水道、電気、輸送……地震はそれらすべてを止めた。関東平野一帯で一〇万五〇〇〇人が亡くなるか行方不明となった。東京では七万人が死亡した。多くの朝鮮人が住んでいた地域では死者数は際立って多かった。

「二・民間の治安維持」では日本の事情を説明する。

伝統的に、地域の公共サービスを提供するために近隣の人々が結束することがよくあった。徳川時代の政府は公共財をあまり提供しなかったので、多くの地域社会で、近隣の人々の結束は、誰もが利用できる公共サービスのすべてだった。火事を消し、堤防を修理し、地域の祭りを開催した。

地震の直後にも、多くの男性はそうした役割を担う集団を迅速に組織した。警察は地域を管理・管轄することができなかった。都市が全面的に崩壊したため、警察は完全に人員不足に陥った。政府は近隣地域の警察と軍隊を動員したが、すぐには到着できなかった。

この混乱に直面し、東京ではおよそ一六〇〇に上る、隣接する神奈川では六〇〇の民間集団が幅広いサービスを提供した。食糧や必需品を配布し、死体を片づけ、橋や道路、水道を修理した。

地域の集団は朝鮮人の殺害もした。地震からわずか三時間後、東京と神奈川の生存者たちの間で、朝鮮人の暴徒が襲ってくるという噂が流れ始めた。朝鮮人は建物に火をつけたと人々は言った。そして爆弾を仕掛け、水道に毒を入れた、人を殺し掠奪し、女性を強姦した、と。

震災によって治安を維持するための公的な組織が機能不全に陥り、それを補完するために民間の集団が活動したとの論の展開である。「民間の集団」や「地域の集団」とは、地域住民による「自警団」のことのようである。ここからはそうした用語は「自警団」で統一することにする。

†新聞報道を論拠に

その被災地で何があったのかを、新聞報道を通して次のように説明する。

武装した朝鮮人がテロ攻撃の計画を前倒しした、と新聞は報じた。日本は一九一〇年に韓国を併合し、一九一九年以来、朝鮮人の活動家は反撃を始めた。この文脈を踏まえて、例えば河北新報《かほくしんぽう》は、爆弾を持っていて捕らえられた朝鮮人の自白を報じている（河北一九二三b、一九二三e）。その秋に予定されている皇太子（後の昭和天皇）の結婚式に合わせて大規模なテロ攻撃を計画していると彼は言っていた。地震を契機に、彼らはその計画を加速させたのだ。

引用された河北新報はどのような記事なのだろう。論文の末尾の出典を確認すると、二つとも一九二三（大正一二）年九月六日に掲載されたもので、「河北一九二三b」は「Dokan de ikita san mannin [Thirty Thousand living in Pipes]」、「一九二三e」は「Hakodate un'yu jimusho Tsubouchi Naofumi shi den [Comment of Naofumi Tsubouchi of the Hakodate Transport office]」という記事であると示されているが、どのような内容かは想像のしようもない。調べなくてはいけない資料は（河北一九二三b）のように書きとめ、先に進むことにする。

朝鮮人の破壊活動とそれに対する日本人の活動についての説明が続く。

> 主として、朝鮮人の破壊活動家は朝鮮で活動していた。しかし、時に彼らの活動は確実に日本に及んでいた。そうした朝鮮人の破壊活動の噂を聞くと、自警団が関東平野で朝鮮人暴徒を捜し始めた。その過程で彼らは多くの朝鮮人を殺した。破壊活動家であろうとなかろうと。朝鮮人と間違われた日本人も、彼らは殺した。
>
> 公的な警察は当初、朝鮮人の破壊活動を心配したが、すぐに民間の自警団の方がより大きな問題だと結論づけた。警察は当初、朝鮮人に用心するよう住民に警告していたが、すぐに朝鮮人を危険な自警団から保護することに切り替えた。首都圏一帯で朝鮮人を警護区域に集めた。その数は千葉県の習志野《ならしの》だけでも三〇〇〇人に上った。

2 朝鮮人犯罪の検討

†朝鮮人による犯罪規模の推定

続く「三・パズル」では、解かなければいけない問題とは何かを提示する。

パズルはこれが起こったかどうかではない。それはどれほどの規模で起こったかである。より具体的には、(a)地震の混乱の中で朝鮮人はどのぐらい幅広く犯罪をはたらいたのか、そして(b)自警団は実際に何人の朝鮮人を殺したのか、である。

震災後の朝鮮人による犯罪は実際にあったことが前提であり、そのうえで、明らかにしなくてはいけないのは、その朝鮮人の犯罪の規模と、自警団が殺した朝鮮人の数なのだという考えのようである。

それはなぜかを「(a)朝鮮人の犯罪?――状況」として提示する。「奇妙なことに、歴史家は朝鮮人の犯罪についての説明が噂であるのは既定の事実として取り上げない」としたうえで、以下のように論じる。

奇妙なことに、人口統計学的と政治的な状況からすると、そうした話が完全に架空のものであったと考えることはできない。一九二三年の時点で在日朝鮮人は異様に男性が多かった。一九二〇年(国勢調査の年)には、四万一〇〇〇人の朝鮮人が日本に住んでいたが、うち三万六〇〇〇人は男性だった。そのうえ彼らは若かった。三万六〇〇〇人の男性のうち五三〇〇人が一五~一九歳、一万一五〇〇人が二〇~二四歳、八四〇〇人が二五~二九歳、五〇〇〇人が三〇~三四歳、わずか二一〇〇人が三五~三九歳だった。

若い男はどこでも犯罪率の高い人口集団であり、朝鮮人の若者は日本では犯罪率の高いグループだった。一九二三年に警察がまとめた一〇万人当たりの刑法違反者は、日本人男性は一九一人で、朝鮮に住む朝鮮人男性は七五人、在日朝鮮人では五四二人だった。

若者が多いと犯罪が多いという論理である。どう考えたらいいのか判断のしようがない。かといってハーバード大学の先生がケンブリッジ大学出版局で発表するという法学論文だ。何らかの裏付けがあるのだろうとの思いがわいてくる。

それに続けて、日本の支配に抵抗する朝鮮人の活動を説明する。

一九二〇年代の初頭までに、朝鮮人の過激派は計画性のない反日抵抗を始めていた。一九一九年三月一日とその後の数週間、多くの朝鮮人が通りに出て大規模な抗議行動を行った。一カ月以内に、朝鮮の指導者を自称する者たちが上海で亡命政府を組織した。

反日朝鮮人の中の武闘派のほとんどは、テロリストや破壊活動の組織に組み込まれた。彼らは北京や他の場所で活動し、日本に対する一連の爆弾やテロ攻撃を画策した。これらのほとんどは朝鮮半島で行われた。が、すべてではない。

一九二〇年、武闘派は日本で朝鮮の王世子（皇太子）を殺そうとした。王世子があまりにも親日的だと考え、妻になる予定の日本人、さらに日本人の朝鮮総督も暗殺することを計画した。警察は三つすべての暗殺を阻止した。一九二一年、暗殺者は東京で閔元植を殺害することに成功した。ジャーナリストで政治家の閔元植は朝鮮人の権利を主張していたが、過激派は穏健すぎると考えた。一九二二年、武闘派は上海で日本軍の将軍（最終的に首相になる）の田中義一を暗殺しようとした。

地震の数週間前に、朝鮮人アナキスト朴烈と日本人の恋人である金子文子は明らかに日本の天皇を殺そうと企てた（容疑に異議を唱えている歴史家がいる）。日本のアナキストは実際に、一九二三年一二月に皇太子（後の昭和天皇）を撃った（殺さなかった）。九月三日に警察は朴と金子を逮捕し、最終的には大逆罪で起訴した。

震災に先立って朝鮮人による不穏な活動が続いていたとの説明である。そのうえで震災に対する朝鮮の人々の反応を紹介する。

震災の数時間後に市内各地で発生した火災について、朝鮮人の左派が自らの成果だとした。上海では、彼らは災害に有頂天になっていた。反社会的朝鮮人による暴力については「それはありうることだと」と語っていたと、朝鮮総督府は報告している

（朝鮮総督府一九二三a）。

朝鮮では、左派が率直に功績を主張したと、以下のように朝鮮総督府の記録に残っている（朝鮮総督府一九二三b）。「共産主義を信奉する人々は、被害のうち、地震が原因のものは火災より少なかったことに気づいていた。彼らと同じ思想の持ち主が革命のために火をつけたのだと説明し、英雄的な業績を喜び、彼らは参加する機会を待ち望んでいる」

†報道から公的文書まで

これに続く文章には「The reports」と見出しがある。新聞報道のことかと思ったら、それにとどまらず政府の報告類も含まれていた。

「新聞は朝鮮人の犯罪について幅広く目撃証言を報じている。彼らはイエロージャーナリズムの世界で競っていた」として具体例を示している。

九月三日の大阪朝日新聞は、朝鮮人の暴徒が家々に放火しながら横浜から東京に向かって進んでいると報じている（朝日一九二三b）。九月四日には、朝鮮人の暴徒が街を駆け抜ける際に爆発物と石油（おそらく灯油）を運んでいたと報じている（朝日一九二三c）。何人かの朝鮮人は、逮捕された時に列車を爆破する計画を自白したと名古屋の新聞は報じている（名古屋一九二三）。東京日日新聞は、朝鮮人の放火、ダイナマイトによる爆破、そして一般的暴行について、直接得た情報を詳しく報じている（東京日日一九二三）。

さらに仙台の河北新報の記事を紹介している。

「地震は街中のガス管を破壊した。すると朝鮮人の集団が街中に散らばり、ガスに火をつけ、一二〇以上の火災を引き起こした。ある場所では、彼らは爆弾を投げ、災害後には、井戸に毒を入れた」（河北一九二三c）

「一部の東京住民は、故山県有朋首相の邸宅に避難した。しかし、朝鮮人が井戸に毒を入れたために、飲み水がなかった」（河北一九二三a）

「イエロージャーナリズム」とは、売れればいいという興味本位の報道といった意味である。日本の新聞は怪しげで信用できないが、それでも朝鮮人の犯罪を報じたものは沢山あり、それも全国にあるのだという例示のようである。どのような記事なのだろうとの思いはするが、巻末の出典を見ても、先にも示したような形で見出しがあるだけなので内容は知りようがない。

それに加えラムザイヤー教授は公的な文書を論拠として提示する。日本政府は最終的に「それは噂されたほどの規模ではなかった」と結論づけたとしたうえで、朝鮮人による掠奪、放火、強姦、投毒などの噂には「根底に事実があった」としてまず朝鮮総督府の記録を示している。

続けて司法省の捜査記録をもとに以下のように説明している。

震災からの五日間で、東京では一三九件の火災が発生した。うち八件は放火が原因で、三件は明確に朝鮮人による放火だった。さらに九月一日から三日の間に、二件の殺人、四件の殺人の試みと計画、六件の強盗、三件の強姦、一七件の盗み、三件の横領、四件の爆発物規則違反を朝鮮人が働いたと司法省は結論づけている。水道に毒を入れようとしているのを見つかった朝鮮人が一人、爆弾を運ぼうとした五人も見つかった。

犯罪の数字が控えめであることは、次のような解釈を示している。

終末論的な噂と較べると、非常に少ない数である。しかし、警察の人員が決定的に不足していたことに留意しなくてはいけない。火事で施設を失い、人員を失い、検証不可能な口頭での主張を捜査する以外にも、しなくてはいけないことが沢山あったのだ。至るところで家は焼け崩れていた。生き残った人たちは食糧や医薬品が必要だった。家が焼けた原因が調理の火なのか、放火なのかを判断する資源も時間も、警察官にはなかった。放火を疑っても、誰が火を放ったのかを知る手段がなかった。当時の混乱を考えるとやむをえなかった。多くの犯罪は未解決で、多くの犯罪は追及されなかったのだろう。

†虐殺された人数

「(b) 日本人の虐殺?——推計」として、ここから二つ目のパズルが始まる。

まず虐殺された朝鮮人の数については様々な見解のあることを説明する。

自警団によって虐殺された朝鮮人の数をめぐってはいくつかの推計がある。

第一は、著名な大学教授で民主運動家の吉野作造の推計だが、吉野が自分で調べたものではなく朝鮮人グループの調査によるもので、そのグループは死者を二六一三人としている。これが日本で最もよく知られた推計であり、研究者に最も引用されている数字である。

第二は、朝鮮を拠点とした武力闘争派が一九二四年に刊行したパンフレットで、死者数を三六八〇人と記している。

第三は、上海を拠点とする敵意に満ちた朝鮮人の亡命政府が一九二三年一二月にまとめたもので、日本からの連絡をもとにしたとして六六六一人としている。六〇〇〇人から七〇〇〇人のものはこれだけで、欧米の研究者が六〇〇〇人と主張する時はこの数字に依拠している。留意が必要なのは、その半年後に、同じ亡命政府が欧米政府への公開書簡の中で、自警団が三六五五人を殺したと書いていることである。

最後に、名前の分からない朝鮮人武闘派が一九二四年三月に書いたものでは、自警団は二万三〇五九人を殺したとしている。

さらに「現代の英語による説明」というコーナーを設けている。「研究者が英語で書いたものは、幅広い数字を引用している。その数字をなぜ選んだのかの説明はめったにないが、少ない数字ではなく、多い数字を常に選んでいるように見える」としたうえで、六〇〇〇人台の数字を引用した研究者、一万人とする人類学者、二万人と示唆する見解などを紹介している。

†扇情主義の新聞

ここで新聞が再び登場する。

朝鮮人の犯罪の横行を報じた扇情主義の新聞が、日本人が行った盛んな虐殺も同様に報じていた。一世紀を経た今日、どちらがより正確なのかを考える根拠をほとんど持たない。一〇月二〇日の大阪朝日新聞は二つの主張を同時に報じている。一つは、朝鮮人による掠奪、建物への放火、さらに進路を阻んだ者への誰彼を問わない暴行や殺人である（朝日一九二三d）。二つ目は、日本人の自警団が、労働者、男女の学生など一二〇人の朝鮮人を虐殺したと報じるものだ（朝日一九二三a）。

そうした説明はありふれたものだった。北陸タイムスは移送するためつながれていた五八人の朝鮮人を自警団が殺した（北陸一九二三）と、河北新報は移送中の朝鮮人を若い男の集団が虐殺した（河北一九二三d）と伝えている。読売新聞は殺された朝鮮人が線路に放置された、火や海に投げ込まれた朝鮮人がいたと報道している（読売一九二三）。やまと新聞は、虐殺された朝鮮人の腐敗した数百の死体が海岸に打ちあげられたと報じている（それが朝鮮人の死体だと、どのようにして知ったのかを気にしてはなりません）（やまと一九二四）。

自警団による虐殺は残虐だったと新聞は報じているが、日本の新聞が「扇情主義」だからだとの見解のようである。

†推計をめぐる問題

その上でラムザイヤー教授は次のように論を展開する。

朝鮮人による破壊活動の範囲を特定しようにも証拠が乏しいという悩みは、その報復である殺人の範囲を特定することも難しくしている。地震と火災で一〇万人が命を落とした。警察官がどこへ行っても、死体の山ばかりで、しかも多くはひどく焼けていた。

衛生という明白な理由で、市民、警察、そして政府の官僚は、そうした死体をできるだけ早く火葬した。埋める前に、殺されたのか、焼死したのかを特定する時間などなかった。日本人と朝鮮人の若い男性は同じように見えるので、日本人か朝鮮人かを死体から判断できる人はいなかった。

殺害された朝鮮人の数を計算することは、朝鮮人による破壊活動の範囲を計算することと同じ作業を含んでいた。噂を聞いて、その信頼性を判断し、そして加えることを含んだ。二〇世紀初頭の日本の新聞は扇情主義そのものだった。朝鮮人の常軌を逸した恐ろしい物語と同時に、日本人によるぞっとする仕返しの物語を報じた。

現地を視察した人や特派員が数をまとめようとしても、遺体の多くはすでに火葬されていた。死者の数をつかむことは、過ぎてしまったことについての噂を聞くことを意味していた。計算をまとめるまでに、吉野の情報源は、関東平野一帯の七五カ所での推計を報告しており、遠くは軽井沢に及んでいた。浅草公園で三人が殺されたなどと始まりは正確だったが、神奈川鉄橋での五〇〇人のように疑わしい概数が並び、そうした数字を合計して吉野は二六一三人という数字に至っている。

パンフレットを出版した朝鮮人革命運動家たちも同じことをしている。青山では二人の犠牲者を加えたのが、羽田では二〇〇〇人になっている。彼らのまとめた人数は（神奈川鉄橋については言及がないのに）三六八〇人になっている。

上海臨時政府は日本の活動家からの報告をまとめている。ここで一人、こちらで三人、さらに吉野の計算にも入っていた神奈川鉄橋で五〇〇人といった具合だが、朝鮮人革命運動家が加えていた羽田は含まれず、総計は四四〇七人としている。だが、特派員たちはもう一つ別の調査チーム（同じ地域内もあった）を使っており、二つのチームの数を合計（重複していないかを点検した明らかな痕跡はない）し、そしてたどりついたのが六六六一人という数字なのだ。その同じ臨時政府は翌年、三六五五人という死者数を欧米諸国に提示しているのを思い出してほしい。今回の調査には、羽田での死者だとして一九六二人が含まれている。

新聞は自警団による虐殺を盛んに報じたが、恐ろしい話で人々の耳目を集めようとしたのだという考えのようである。そもそも殺された人を特定することは不可能な状況であり、これまで語られてきた人数は信頼できないものだと指摘するものである。

†「二人より多く一万人よりは少ない」

政府の見解はどうなのか。ラムザイヤー教授はこう説明する。

司法省は、殺されたと判明した朝鮮人の数をまとめている。一九二三年一一月のことで、東京広域圏で二三一人の朝鮮人の殺害が確認され、五九人の日本人が朝鮮人と間違って殺されたとしている。これらの殺人で、三二五人の日本人が起訴された。その年の一二月には、四二二人が首都圏で殺害されたと警察は報告している。

ある説によると、日本人の自警団に殺された朝鮮人を三〇〇人と朝鮮総督府は推計していた。別の説では、すべての原因で亡くなった朝鮮人の合計は八三二人で、そのうち自警団によるものは二〇～三〇%と考えており、そうすると死者数は一七〇人から二五〇人の範囲ということになる。

続く（c）は「日本人の虐殺？——その範囲」と題している。

様々な数字の中で、どの範囲が妥当なのかという検討がここで始まる。

「それは二人より多く、一万人よりは少ない。確かなことはそれだけだ」とある弁護士が一九二四年に記していると紹介したうえで、以下のように続ける。

皮肉なことだが、その弁護士のアプローチは正しかった。推計と称するこうした様々な人数は情報を提供しない。それらは推計になっていない。九月の始まり、それは経験したことのない混乱の日々だった。家が倒壊し、炎に取り囲まれ人々は亡くなっていった。その混乱を、長年の宿敵たちは利用しようとし、掠奪者たちは好機ととらえたのだ。放火、投毒、掠奪、強姦、殺人に責任があると日本人の自警団が考えて殺したために死んだ人はいた。推計をまとめた人々（吉野のように）は耳にした風聞を加えることがあった。そのほか（上海臨時政府のように）では、風聞を足し合わせ、それらを何度も加えていた虐殺された人数の最少は、「先に示した弁護士のように、研究者のできる最善の方法は信頼できる範囲で計算することである。最少の数字は簡単である。一九二三年一二月に警察が殺された朝鮮人の数を四〇〇人と報告しているのだから、自警団が少なくとも四〇〇人の朝鮮人を殺害したと合理的に確信できる」と推計される。
最大の人数については、様々な数値を用いている。

最大値はかなり難しい。地震発生時の首都圏の朝鮮人の数から始めよう。震災について最も注意深く研究を行ってきた歴史家の山田《やまだ》昭次《しょうじ》は、一九二三年の東京には八六〇〇人、神奈川には三六〇〇人、その他の地域に一九〇〇人が住んでいたと書いている。合計すると一万四一〇〇人が関東平野の総数になる。朝鮮総督府の推計は東京市に九〇〇〇人としており、日本政府の記録は首都圏に住んでいた朝鮮人の数を一万人としている。

朝鮮人のある程度は学生で、朝鮮統督府は東京の朝鮮人学生を三〇〇〇人としており、東亜日報は二〇〇〇人としている。九月一日、学生はまだ夏休みで東京にいた比率は低かった。朝鮮総督府は、震災時点で東京にいた朝鮮人学生の数を一二〇〇人から一三〇〇人としている。東亜日報は一六〇〇人としている。

朝鮮人も多くが地震と火災で亡くなった。総督府によると、約四〇〇〇人の朝鮮人労働者が本所区と深川区に住んでいた。本所区は被害が激しく、二五万六〇〇〇人の人口のうち四万八〇〇〇人から五万一〇〇〇人が亡くなった。四〇〇〇人という朝鮮人の人口からすると、死者数は七九〇人となる。この数字は総督府がまとめた八三二人という数とほぼ一致していることに留意したい。

自警団による殺害の噂が広がり始めると、陸軍と警察は朝鮮人を保護拘束したがその数は明確でない。

日本政府は多くの朝鮮人が帰国するのを助けた。海軍の報告は朝鮮南部に到着した避難民の数を六〇〇〇人と記している。朝鮮総督府は、資料により様々だが、その数を五七〇〇人とも、六五〇〇人とも、七二〇〇人ともしている。

†結論「四〇〇人より多く五一〇〇人より少ない」

最も素朴に考えてみよう。首都圏に暮らしていた朝鮮人を一万四一〇〇人だったとして、そのうち一〇〇〇人の学生は夏休みでまだ郷里にいて、八〇〇人の朝鮮人が焼け死んだ。残りは一万二三〇〇人となる。そのうち帰国した人が五七〇〇人だったとすると、関東平野に残った朝鮮人全員が殺されたとすれば六六〇〇人になる。ところが、警察は朝鮮人を拘束しており、その数は司法省の集計によれば一万六二〇〇人に近い。明らかなことは、自警団は朝鮮人全員を殺すことなどできなかったということだ。殺された可能性のある人数の範囲は、すなわちゼロから六六〇〇人の間ということである。

虐殺者数をめぐる検討がさらに続く。

こうした数字の信頼性を考えてみよう。第一に山田は学術的な評価を受け、その研究の多くをこの問題に投じてきたので、日本政府の示す一万人ではなく、一万四一〇〇人という山田の数字を用いる。第二に政府が示した避難民の少ない方の数字は一九二三年のデータであり、一九二四年も含めて七二〇〇人とする総督府の数字を採用する。第三に、保護拘束された朝鮮人の数は記録類のほぼ中間値で七二〇〇人程度ということにする。

一万四一〇〇人の朝鮮人から、夏休みの一〇〇〇人の学生を引き、八〇〇人が焼死した。すると、犠牲となる可能性があるのは一万二三〇〇人となる。

先に示した数字では、身柄を拘束された朝鮮人の数と帰国した朝鮮人の数はともに七二〇〇人となっている。拘束した朝鮮人に、日本政府が帰国を促したという構図が浮かんでくる。従って、（a）犠牲者となる可能性のあった一万二三〇〇人から、（b）保護されて朝鮮に送還された七二〇〇人を差し引くと、残りは五一〇〇人となる。仮に自警団が、帰国しなかった首都圏の朝鮮人をすべて特定して殺害したとすれば、五一〇〇人を殺したことになる。

政府は自警団による犠牲者を四〇〇人としている。当時の混沌とした状況を考えると、政府がすべての、あるいはほとんどの犠牲者を特定できたとは思えない。同じ理由で、保護されていないすべての朝鮮人を自警団が探し出すことができたとは思えないし、すべての朝鮮人が帰国を望んでいたとも考えられない。

そうすると、四〇〇人よりはかなり多いが、五一〇〇人よりはかなり少ないという範囲になる。

虐殺された人の数をめぐってはこれまでも様々な見解、解釈が示されてきた。本書のテーマからは外れるのであえて踏み込まないが、近年の刊行書ではノンフィクション作家、加藤直樹さんの『トリック――「朝鮮人虐殺」をなかったことにしたい人たち』が詳しい。関心のある方は、そちらをご覧いただきたい。

3　戦後日本の警備産業

†戦後の朝鮮人による暴動を強調

「四・追記」は第二次世界大戦で日本が敗れた後の朝鮮人の動向である。

おそらく皮肉なことに、三〇年後、在日朝鮮人は、疑う余地なく実際に妨害とテロのキャンペーンを開始する。三〇年後、一九二三年の誇張された噂が現実になり始める。一九四五年八月の終戦時、日本には一九〇万人の朝鮮人がいた。ほとんどが朝鮮への帰国を望み、その年の最後の四カ月間、一〇万から二〇万の朝鮮人が毎月、日本を去った。彼らは圧倒的にその半島の南端の出身者で、そこに帰っていったのである月日が経つにつれ、日本は着実に復興を始めたが、韓国は混沌とした状態に陥っていた。金日成が北部を支配し、残忍なことで知られる一族の王朝が始まった。南部では、熱烈な反共主義者である李承晩が着実に支配を強化なものにしていた。その強化もまた残忍に進められた。済州島（在日朝鮮人の多くはこの島から来た）において、一九四八年から一九四九年にかけて、李承晩の軍隊は一万四〇〇〇人から三万人の共産主義者やその疑いのある者を虐殺した。

日本は復興し、朝鮮は混乱していたため、出国の勢いは弱まった。日本を去る予定だった人たちの多くは見合わせた。帰国した朝鮮人の中には、考え直した人もいた。日本を出てしまった以上、合法的に戻ることはできない。そこで、小さなボートをチャーターして真夜中に上陸した。

その結果、日本から南朝鮮への最初の移動と、南朝鮮から日本への違法な帰還という、繰り返された人の流れが、戦後の在日朝鮮人社会の政治を形作った。資本家、あるいは非政治的な朝鮮人は李承晩の攻撃的政策をよく思わなかっただろうが、極左のように傷つけられることはなかった。必然的に、共産主義者の朝鮮人は、資本家や非政治的な朝鮮人よりも、日本にとどまる／戻ってくる理由があった。

戦後間もない在日朝鮮人社会で最も重要な役割を果たしたのが金天海である。戦争中は政治犯として日本の刑務所にいた金は一九四五年一〇月に釈放されると在日朝鮮人の組織化を始めた。在日朝鮮人社会の代表が集まり「在日本朝鮮人連盟」を結成すると、金は最高顧問に就任し、指導部から非共産主義者を一掃し、連盟を日本共産党の直接指導下に置いた。

在日朝鮮人はすぐに暴力を振るうようになった。警察の集計によれば、一九四六年には五万人の朝鮮人により五〇〇〇件の暴力事件があり、日本の政府機関や警察に対するものも含まれていた。暴力はいったん沈静化したが、一九四九年には再び多発し、警察は二万人の朝鮮人が関わったとしている。

朝鮮人の暴力は一九五〇年、政治的に方向を転換した。一月にはスターリンが日本共産党の平和的な路線を強く批判し、六月には北朝鮮軍が南に侵攻した。非合法化された日本共産党は地下に潜り、数年に及ぶテロと破壊活動に乗り出した。その前線に日本共産党は、在日朝鮮人を用いたのだ。

事実上、日本共産党とその同盟者である朝鮮人は、日本国内で朝鮮戦争の戦線を結成した。朝鮮人は自衛のためと称する組織を作り、祖国防衛委員会と名づけ、密かに潜入した北朝鮮の軍人の下で訓練を受けていた。

祖国防衛委員会は、テロリズムと破壊活動を組み合わせた。彼らは警察署を爆破した。政府機関を攻撃した。火炎瓶で車に火を放った。米軍の施設や人員も攻撃した。そして、朝鮮戦争のための軍需品の生産やその輸送を妨害した。

関東大震災の三十余年後、敗戦で混乱する日本において、朝鮮人が危険な活動に乗り出したと説明する内容である。

†民間警備産業の発展

ここで第三章に移る。掲げられたテーマは「正常財としての治安」であり、日本における民間警備産業の紹介が始まる。

まずA「論理」として、治安は公共財であると同時に正常財でもあり、求めるレベルは個人によって異なるということを確認する。今日の民主主義国家では、公共の治安は基本的なレベルのサービスを提供し、それ以上は、裕福な市民が自腹で追加の保護を購入する。正常財とは所得が増えると消費が増える種類の財だが、治安も他の正常財と何も違いはないと説明する。

続いてＤ「日本における民間警察」を紹介する。

今日の日本には二五万人余の警察官がいるが、裕福な国にふさわしく、警備産業が発達し、二〇一六年の時点で、九四〇〇の民間企業が五四万三〇〇〇人を雇用している。これらの企業は主に交通の整理や、家庭や商業施設でのセキュリティサービスを提供している。

警備会社の最大手はセコムで売上高は九七一〇億円（二〇一九年五月現在）で、従業員数は五万四六〇〇人を誇る。次いで大きいのはアルソック（ＡＬＳＯＫ）で、売上高は四三六〇億円、従業員は三万七五〇〇人である。典型的な日本のセキュリティ企業はもっと小さい。二〇一六年の時点で、従業員が一〇〇〇人以上の会社は四九社にすぎず、二三〇〇社は一～五人である。

この業界は予定より早く仕事を引退した高齢の男性に、低賃金だがあまりきつくない仕事を提供している。二〇一六年に、日本の警備員のうち約一一万人が五〇歳から五九歳であり、一〇歳刻みで最も多い世代であった。警備員の中でも最も見かけるのは、建設現場で交通整理をしている人たちだ。また、小学生を交差点で誘導し、おじいちゃんらしいジョークを言ったり、気をつけて家に帰るようにと声をかけたりする人もいる。

日本の消費者は、もちろん自分の家のために個別に警備員を雇うことができるが、ほとんどの人は雇わない。日本のアッパーミドルクラスの多くは、代わりに警報機設置サービスを契約する。セコムやアルソックの目立つ標章を掲げ、警報装置をセキュリティサービスに接続するのである。

現代日本のセキュリティー業界の成長は、犯罪の増加と一致している。一九九〇年代に、犯罪、特に窃盗が急増した。一九九二年、一七四万件だった刑法犯（主に窃盗）が、二〇〇二年には二八五万件に達した。一九九二年に二九万一〇〇〇人だった民間警備会社の従業員数は二〇〇二年には四三万七〇〇〇人になった。二〇〇二年をピークに犯罪は減少に転じ、二〇〇七年の刑法違反は一九一万件、二〇一七年は九一万五〇〇〇件に減ったが、警備への民間投資は高止まりしており、二〇〇七年に四九万四〇〇〇人だった民間警備会社の雇用は、二〇一六年に五四万三〇〇〇人になっている。

ここで「二・犯罪的な重なり」という項目を設け、米国のマフィアと同様に警備業と犯罪が重なり合うことがあることを説明している。

まず登場するのは美空ひばりである。

美空ひばりは二〇世紀の後半の日本で最も人気のあった歌手である。歌で日本中を回ったが、当時の歌手の生活は不安定だった。地方の町での興行は地元のやくざが管理していることが多く、芸能人に保護税を要求した。

一九四八年、美空の両親は一一歳の娘を連れて、後に日本最大の暴力団となる山口組のドン、田岡一雄に会いに行った。山口組は、日本の下層階級である部落民（原典では“the burakumin”）から多くの人材を集めていた。美空自身も部落出身と（一部では）言われており、弟はやがて山口組に加入することになる。彼女を気に入った田岡は庇護することになり、その後、美空は山口組の護衛を伴って旅をするようになった。山口組は神戸市の商店街建設で警備サービスを請け負った。しかし、日本では保護と強要の線引きが曖昧で、田岡は恐喝の罪に問われ、有罪となった。

次いで紹介されているのは、一九六〇年の安保闘争の中で、極左と戦うために誕生した警備会社である。

飯島勇が興した警備会社は三流大学の武道部出身者を採用し、ストライキ破りや公害企業の株主総会、空港建設に反対する運動の対策などを請け負った。労働組合は産業規制を要求し、政府が調査した結果、多くの警備会社に犯罪歴があるとか元暴力団員といった問題のある人員が確認された。会社の社長二〇人に犯罪歴があった。その結果、一九七二年に規制法が成立し、犯罪歴や暴力団組織とつながりのある人物を業界から排除するための措置が導入された。

とはいえ問題がなくなったわけではない。部落民の名ばかりの人権団体や暴力団と関わりのある警備会社が問題となり新聞で報道されており、経営者が山口組幹部だったことを理由に、免許を取り消された警備会社もある。

†明白な力点

最後に「五・結論」を以下のように示している。

現代の民主主義国家は、治安の維持を公的な資金で賄っている。これは、治安の維持が排除できない公共財であることと、規模の経済が働くことが理由となっている。しかし、同時に、治安の維持は正常財でもある。治安維持の需要は、所得水準に応じて増加する傾向がある。国によっては（米国のように）市民が直接関与して治安レベルを決定しているところもあるが、国によっては（日本のように）結果として生じる不平等を政治的に好ましくないと考え、中央集権的な警察活動を行っているところもある。いずれの国でも、裕福な市民は市場で購入した民間サービスで公的な治安を補強する傾向がある。

ここまでが論文の本文部分で正味一五ページ半である。総論ともいうべき第一章が二ページ、関東大震災の第二章が九ページ半を占め、美空ひばりも登場した第三章が四ページという構成である。力点がどこにあるかは明白だろう。

それにしても、この論文を英語で読むのはどのような人なのだろう。ハンドブックなのだから入門書の一種だろうが、日本の歴史に詳しい人が多いとは思えない。そもそも日本人でも知る人が多いとは思えない領域であり、出典として示された文献や新聞記事の中に、英語で参照できるものがあるとも思えない。関心や疑問を持つ読者がいたとしても確認することはまず不可能だろう。

そもそも警察の民営化というこの論旨の中で、関東大震災の死者数や敗戦後の在日朝鮮人の活動は必要な要素なのだろうか。

一読して、素朴にそんな感想を抱いた。

第 二 章

論拠の資料を確認する

関東大震災で焼け野原になった東京。神田区駿河台から丸の内方面を望む(朝日新聞社)

1　犯罪はなかったとする資料

論文の構造と主張の主旨は分かった。論拠の大きな部分を新聞記事が占めていることも分かったが、具体的にどのような記事なのかは新聞を探さないと分からない。それにはいくらか時間がかかるので、その間に、まず従来の研究とどこが違うのかを確認することにした。

違いが明白なのは、「三・パズル」で示された朝鮮人の犯罪をめぐる認識である。朝鮮人が虐殺される原因となったのは「朝鮮人が放火をした」「井戸に毒を投げ入れた」といった流言であった。そうした流言に含まれていた朝鮮人の犯罪について、ラムザイヤー氏は「これが起こったかどうかではない。それはどれほどの規模で起こったかである」との考えを示した。

これまでの研究では、流言は実体のない嘘であるとされていることを承知していることは、それに続く「奇妙なことに、歴史家は朝鮮人の犯罪についての説明が噂であるのは既定の事実として取り上げない」という一文が示している。

歴史家ではなく、法学者であるラムザイヤー氏の視点からすると、それは嘘ではなかったという主張のようである。

†二〇〇八年中央防災会議の報告書

歴史家が流言を嘘だとしてきた根拠は何なのだろう。

この問題をめぐっては指標となる見解がある。内閣府・中央防災会議の「災害教訓の継承に関する専門調査会」が二〇〇八年にまとめた報告書である。「本事業の目的は歴史事実の究明ではなく、防災上の教訓の継承である」ことを基本的な姿勢とした調査の報告書であり、研究者の間で異論のない範囲を示しているといえる。

その第4章「混乱による被害の拡大」の第2節「殺傷事件の発生」の中で、震災後の政府の調査結果を紹介している。

それによると、官庁資料で最も網羅的なのは、震災直後から内務大臣を務めた後藤新平が残した文書中にある「震災後に於ける刑事事犯及之に関連する事項調査書」である。司法省が作成したもので、火災の原因、朝鮮人犯行の流言、朝鮮人の犯罪、朝鮮人・朝鮮人と誤認した内地人・中国人を殺傷した事犯、治安維持令違反、暴利取締令違反、社会主義者の行動、軍隊の行為、警察官の行為と章を分け報告している。一九二三（大正一二）年一一月一五日現在の調査結果を中心に作成されているので、一二月に帝国議会が開会するのに備えて、議会で問題となりそうな課題について司法省としての見解をまとめたものと

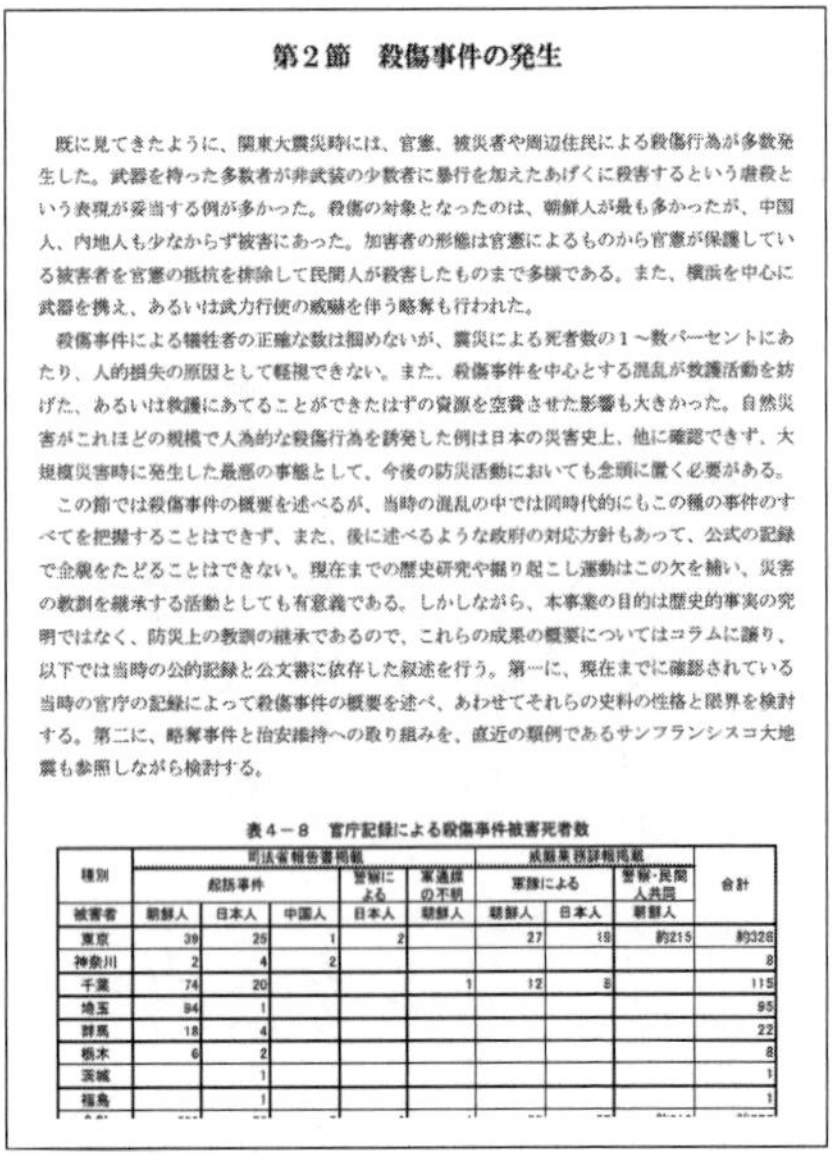

第2節　殺傷事件の発生

既に見てきたように、関東大震災時には、官憲、被災者や周辺住民による殺傷行為が多数発生した。武器を持った多数者が非武装の少数者に暴行を加えたあげくに殺害するという虐殺という表現が妥当する例が多かった。殺傷の対象となったのは、朝鮮人が最も多かったが、中国人、内地人も少なからず被害にあった。加害者の形態は官憲によるものから官憲が保護している被害者を官憲の抵抗を排除して民間人が殺害したものまで多様である。また、横浜を中心に武器を携え、あるいは武力行使の威嚇を伴う略奪も行われた。

殺傷事件による犠牲者の正確な数は掴めないが、震災による死者数の1～数パーセントにあたり、人的損失の原因として軽視できない。また、殺傷事件を中心とする混乱が救護活動を妨げた、あるいは救護にあてることができたはずの資源を空費させた影響も大きかった。自然災害がこれほどの規模で人為的な殺傷行為を誘発した例は日本の災害史上、他に確認できず、大規模災害時に発生した最悪の事態として、今後の防災活動においても念頭に置く必要がある。

この節では殺傷事件の概要を述べるが、当時の混乱の中では同時代的にもこの種の事件のすべてを把握することはできず、また、後に述べるような政府の対応方針もあって、公式の記録で全貌をたどることはできない。現在までの歴史研究や掘り起こし運動はこの欠を補い、災害の教訓を継承する活動としても有意義である。しかしながら、本事業の目的は歴史的事実の究明ではなく、防災上の教訓の継承であるので、これらの成果の概要についてはコラムに譲り、以下では当時の公的記録と公文書に依存した叙述を行う。第一に、現在までに確認されている当時の官庁の記録によって殺傷事件の概要を述べ、あわせてそれらの史料の性格と限界を検討する。第二に、略奪事件と治安維持への取り組みを、直近の類例であるサンフランシスコ大地震も参照しながら検討する。

表4－8　官庁記録による殺傷事件被害死者数

種別	司法省報告書掲載					戒厳業務詳報掲載			合計
	起訴事件			警察による	[illegible]の不明	軍隊による		警察・民間人共同	
被害者	朝鮮人	日本人	中国人	日本人	朝鮮人	朝鮮人	日本人	朝鮮人	
東京	39	25	1	2		27	19	約215	約328
神奈川	2	4	2						8
千葉	74	20			1	12	8		115
埼玉	94	1							95
群馬	18	4							22
栃木	6	2							8
茨城		1							1
福島		1							1

中央防災会議・災害教訓の継承に関する専門調査会報告書の第4章第2節。「虐殺という表現が妥当する例が多かった」と記している

考えられる。

†朝鮮人の犯罪だと認められたものはない

この資料には、朝鮮人による殺傷事件は殺人二件、傷害三件が記録されている。だが、すべて被疑者不詳であり、殺人に関しては被害者も不詳だとしている。犯人を朝鮮人であるとしていても、それが誰であるかは不明で、殺人については殺されたのが誰なのかも分からないのである。つまり刑事事件として朝鮮人による犯行として事実関係を究明できたものは一件もなかったのである。

さらに流言にあった蜂起、放火、投毒等については「一定の計画の下に脈絡ある非行を為したる事跡を認め難し」と結論づけている。流言が伝えたような朝鮮人の組織的な犯行と特定できるものは確認できなかったのである。

検察事務統一のために九月一一日には、臨時震災救護事務局警備部で司法省刑事局長が主宰し司法委員会会同を開催し、朝鮮人の「不逞行為についても厳正なる捜査検察を行うこと」を決議し、翌日に各主務長官の承認を得て実施されている。「この方針に従って調査したものの、上述の程度にしか確認できなかったということである」と中央防災会議の報告書は指摘している。

このほかにも流言についての調査や研究は数多い。その中に「流言は嘘ではなかった」ことを立証したものを私は見たことがなかった。

ラムザイヤー教授の見解は、そうした従来の研究を否定するものなのだ。

その論拠は何なのか。

まず示したのは「若者が多いと犯罪が多い」という論理であった。

だが、若者が法律に違反することが他の世代に比べて多いという一般的な傾向があったとしても、それが放火や殺人といった重大な犯罪にまで簡単に当てはまるものなのだろうか。まして、流言が伝えたのは集団での武装蜂起や爆弾を投げる、毒を入れるといった準備や組織が必要な行動だ。そのようなことまでを含めても、「若者が多い」ことが根拠になるのだろうか。

ハーバード大学の先生の高説だとはいえ、どうも得心できない。とはいえ専門的な知識を持ち合わせない私には、どう考えたらいいのか、いささか手に余ってしまう。ここは判断を保留して先に進むことにする。

2 ラムザイヤー教授が論拠とする資料

†朝鮮総督府の資料

ラムザイヤー教授は公的な記録も主張の根拠として示している。

「震災の数時間後に市内各地で発生した火災については、朝鮮人の左派が自らの成果だとした。上海では、彼らは災害に有頂天になっていた。そして、反社会的朝鮮人による暴力の話が語られた時、「それはありうることだ」と語っていたと、朝鮮総督府は報告している」として示された「朝鮮総督府一九二三a」は『現代史資料6 関東大震災と朝鮮人』の五五一ページが出典と記されている。

さっそく、そのページを開いてみると、朝鮮総督府警務局長が九月一三日付で各道知事ら宛てに出した「国外の形勢に鑑み査察警戒を厳密ならしむ件」という文書であった。読んでみよう。

東京地方震災事件に関係ある諸種の国外情報に依れば、露領方面不逞鮮人はこの機に於て一挙に朝鮮国境を衝かんとし、北京、上海地方兇暴鮮人は朝鮮および日本内地に於て直接行動の実行を企て、露国共産党は震災救済を名として窃《ひそか》に赤化宣伝を計画し、間島地方排日鮮人は鮮内に騒擾《そうじょう》を再起せしめんと画策しつつありと伝えらる。さらに一部支那人および共産党露国人にありては日本の災害に対し快哉を叫び、暗に不逞団を煽動するが如き言動なきにあらず。これら情報の確否は俄《にわか》にこれを断ずるべからずと雖《いえども》、尠《すくな》くとも国外に於ける不良徒輩が国内の災患に乗じて妄動を開始せんとするの傾向あるは想像に難からざる処にして、時局柄、楽観を許さざるものありと認められ候《そうろう》条、特に国境地方の警備、海岸線の警戒を至厳ならしむるは勿論、国外に連絡ある汽車汽船その他に依る往来者に対し一層周到なる査察を実施し寸毫《すんごう》の遺策なきを期せられ度《たく》依命及通牒候也。

追て最近得たる情報中、重要の部分を抄録したるもの左記の通りに候条申添候。

これに続けて箇条書きで八項目が記されている。ラムザイヤー教授が指摘したのはおそらく六番目に示された次の記述だと思われる。

> 上海地方不逞鮮人中には這次《しゃじ》の震災に対して快哉を叫び、日本内地不逞鮮人の暴行説に対してもこれに共鳴せるやの観あり。特に義烈団一派は俄然蠢動《しゅんどう》を開始し、この機に乗じ朝鮮又は日本内地に於て予《かね》て宣言せる如く直接行動を実行すべしと唱え曽《かつ》て他人に保管方を托し置きたる爆弾を取出さんとしつつありと。而《しこう》して該爆弾は五拾本入の巻莨《まきたばこ》缶大のものにして多分安東県に向け発送すべしと云う。

這次とは「このたび」といった意味である。

弱い根拠

さらに「朝鮮では、左派が率直に功績を主張したと朝鮮総督府の記録に残っている」として示された「朝鮮総督府一九二三b」は同じ資料集の四八九ページが出典として記されている。

確認すると、朝鮮総督府警務局がまとめた「治安状況」という報告であったが、資料集で三〇ページに及ぶものである。

ラムザイヤー教授の指摘する部分はどこなのだろう。

「関東地方震災の民心に及ぼしたる状況」という説明から資料は始まっている。こう述べるものだ。

今次の関東地方大震災及之に伴う内鮮人の兇行事件は、鮮内ならび在外鮮人の民心に異常の刺戟を与え、少なくとも一部の鮮人をして民族的反感を激発せしめたるが、官民の誠意ある救済施設等に依り、昂奮せる感情も漸次緩和したるとともに、至厳なる警戒取締に依り何ら具体的運動を見ず、意想外に静平なる経過を辿りつつあるも、内地人の鮮人に加えたる虐殺事件は反感不平の徒をして、今後世論喚起の好題目たらしめ、何らの不祥事件惹起の誘因となるやも保し難く、前途必ずしも楽観を許さざる状況にして内鮮融和の道程に尠なからざる障害たりしは否むべからず。然れどもまた反面に於ては、一部有識階級の大震後に於ける秩序の恢復及復興の気力に対し、今さらの如く帝国の強大と堅実なる国民性に感激し、区々たる感情を去り真に両民族の結合を促進せんとの自覚を喚起し、現に各種団体の幹部相謀り猛然起って内鮮提携、思想善導の具体的運動に着手せんとしつつあるあり。影響固《もと》より好悪深浅一ならず。

さらに読み進めると、（二）朝鮮人という項があり、そこに「（イ）貴族上流有産者等」に続けて「（ロ）学生、労働者主義者」があり、この記述がおそらくラムザイヤー教授の指摘したものではないかと思われる。次のように記すものである。

下級労働者の間にありては、大震災の状況を聞知し単に被害の甚大なりしを語り、諸種の流言の如きも流布せらるる儘《まま》に伝えられ、感想として別に特記すべきものなきも、共産主義を鼓吹するもの及これらに依り組織せられたる各種の労働団体は、今次の震災は地震の損害よりこれに伴う火災の損害が最甚大なる模様なるが、火災は我らと志を同ふせる主義者同人が革命のため放火したるに因るものなり。我らはこの壮挙を喜び、時機を見て吾人も活動すべく期待し居たる□（一字不明）戒厳令布かれ遂にその目的を達する能わざりしは遺憾なりと同志間にて語り合う者あり。

この報告のもとになった朝鮮総督府警務局の内部文書も『現代史資料』は紹介している。

九月二三日の日付で朝鮮人の反応をまとめたもので「鮮人民情の推移を概観せば、当初震災を痛快とせし楽観期、次に予期したる日本政府の顚覆が実現せざりし悲観期、最後に震災地に於ける朝鮮人虐待に対する悪感期の三過程を辿り、第三期の悪感は今後罹災地その他よりする送還鮮人の累増とともに益々その感情の険悪化せんとする傾向あるを免れず」と記している。日本の災害に何かの思いを抱いたのは、もとより独立運動家だけではなかったようだ。

ラムザイヤー教授が根拠として提示したこれらの公文書は、それをもって「朝鮮人の犯罪があった」と読むことができるものなのだろうか。中央防災会議の報告書の結論を押しのけるだけの説得力があるものなのだろうか。

首をかしげざるをえない。

「放火は一件もなかった」

さらにもう一点、捜査によって明らかになった犯罪の数字が控えめである点についても資料を確認しておこう。

「警察の人員が決定的に不足していたことに留意しなくてはいけない。火事で施設を失い、人員を失い、検証不可能な口頭での主張を捜査する以外にも、しなくてはいけないことが沢山あったのだ。至るところで家は焼け崩れていた。生き残った人たちは食糧や医薬品が必要だった。家が焼けた原因が調理の火なのか、放火なのかを判断する資源も時間も、警察官にはなかった。放火を疑っても、誰が火を放ったのかを知る手段がなかった。当時の混乱を考えるとやむをえなかった。多くの犯罪は未解決で、多くの犯罪は追及されなかったのだろう」との解釈を論文は示している。

ラムザイヤー氏が繰り返し引用している『現代史資料』には司法省の捜査報告書が収録されている。中央防災会議の報告書が言及している後藤新平文書である。

第一章は「火災の原因」で、発火の原因、発火の時間などを一件ごとに調査結果を表にして示している。

東京では火元（独立発火の場所）が一三八カ所あったとして、うち自火が八六件、飛び火が三九件、放火が八件などと分類、集計している。ラムザイヤー教授が示している数字も出典は同じもののようだ。

一日正午ごろに発火した有楽町二丁目の製版所の火事を見ると、「第一回強震のため一部倒潰すると同時に発火、立ち退き所不明にして原因取り調べ不能なるも自火なること疑いなし」とある。

四日午前二時ごろに発火した麹町《こうじまち》六丁目の紙商方は「放火」と認定されている。付近の住人で消火に当たった二人、紙商の雇い人二名を取り調べた結果、「台所板椽《いたたるき》の中央に西洋皿一枚を置き、これに揮発油を注ぎたる紙くずを載せ、目笊《めざる》をかぶせ点火したる状態にあるを以て、放火なること明らかなれども、家屋を焼毀《しょうき》する目的に出でたるものとは認め

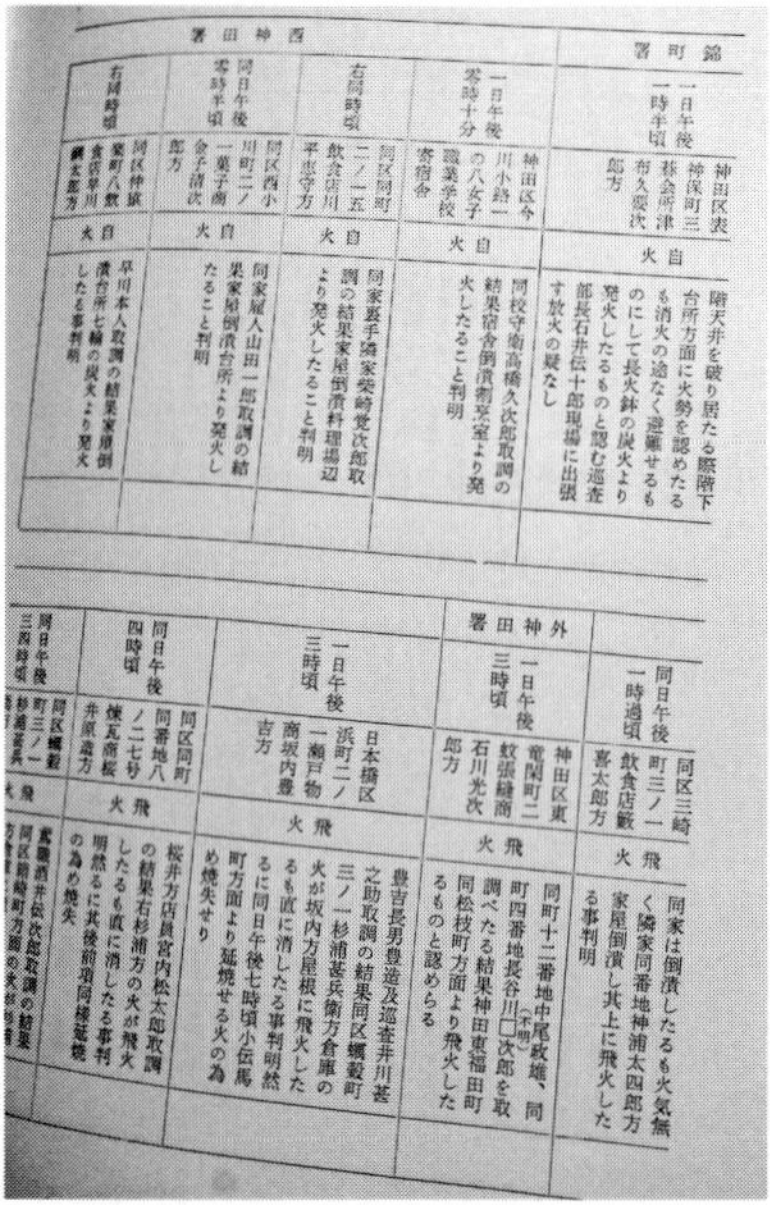

錦町署	一日午後一時半頃	神田区表神保町三 恭会所津布久慶次郎方	自火	階天井を破り居たる際階下台所方面に火勢を認めたるも消火の途なく避難せるものにして長火鉢の炭火より発火したるものと認む巡査部長石井伝十郎現場に出張す放火の疑なし
西神田署	一日午後零時十分	神田区今川小路一の八女子職業学校寄宿舎	自火	同校守衛高橋久次郎取調の結果宿舎倒潰衛兵室より発火したること判明
	右同時頃	同区同町二ノ一五飲食店川平忠守方	自火	同家雇手猪家柴崎覚次郎取調の結果家屋倒潰料理場辺より発火したること判明
	同日午後零時半頃	同区西小川町二ノ一菓子商金子清次郎方	自火	同家雇人山田一郎取調の結果家屋倒潰台所より発火したること判明
	右同時頃	同区仲猿楽町八数食店早川鎌太郎方	自火	早川本人取調の結果家屋倒潰台所七輪の炭火より発火したる事判明
	同日午後一時過頃	同区三崎町三ノ一飲食店籔喜太郎方	飛火	同家は倒潰したるも火気無く隣家同番地神浦太四郎方家屋倒潰し其上に飛火したる事判明
外神田署	一日午後三時頃	神田区東竜閑町二蚊張縫商石川光次郎方	飛火	同町十二番地中尾政雄、同町四番地長谷川(不明)□次郎を取調べたる結果神田東福田町同松枝町方面より飛火したるものと認めらる
	一日午後三時頃	日本橋区浜町二ノ一瀬戸物商坂内豊吉方	飛火	豊吉長男豊造及巡査井川甚之助取調の結果同区蠣殻町三ノ一杉浦甚兵衛方倉庫の火が坂内方屋根に飛火したるも直に消したる事判明然るに同日午後七時頃小伝馬町方面より延焼せる火の為め焼失せり
	同日午後四時頃	同区同町同番地八ノ二七号煉瓦商桜井源造方	飛火	桜井方店員宮内松太郎取調の結果右杉浦方の火が飛火したるも直に消したる事判明然るに其後前項同様延焼の為め焼失
	同日午後三四時頃	同区蠣殻町三ノ一杉浦甚兵衛[illegible]	飛火	同区蠣殻町方面[illegible]の結果[illegible]

後藤新平文書の中の「東京に於ける発火事実個別的調査表」。火元を一件ごとに捜査した報告のまとめだ＝『現代史資料６』から

難く、家人または付近の住民を騒がしむる為の悪戯に出でたるものと認められる。引き続き犯人捜査を麹町警察署に命じ置きたり」とある。

各警察署からの報告がもとになっていたようで、それなりに詳細で、人手不足で捜査が不十分だったようには思えない。

「放火」と結論づけた発火をみると「東京少年審判所の委託により同人方に保護収容せる女性（原資料では実名）の放火したること判明したり。直ちに消し止む」「犯人を検挙したるも一三歳の白痴少女なるを以て起訴せず」といった説明である。

朝鮮人の放火と認めるべきは三件あったとしている。その詳細を探してみると、一日午後八時半に発火した日本橋区北鞘町の物置の火災は「黒上衣、白ズボンを着し中肉中背四十才前後、ただし犯人氏名不詳鮮人一名男、木造物置底辺に放火し付近に延焼す」とある。一日午後九時ごろにあった月島西海岸通八丁目の倉庫火災は「月島自警団長加藤重六等取調の結果、自称高等学校生徒金某（鮮人）の放火したるものなること判明」とあり、一日夜の東森下町付近のしるこ屋の火災は「月島自警団長加藤重六、深川区東光町一番地沼田辰五郎等取調の結果、氏名並びに住所不詳一鮮人の放火によること判明」とある。三件のうち二件は同一の自警団長による「取り調べ」の結果だった。

その三件を総括し「犯人は直ちに殺害せられ、またはその所在不明に属し、放火の動機を知ることを得ざるは頗《すこぶ》る遺憾とする所なり」と記している。つまり調べてはみたが、殺人・傷害と同様に、刑事責任を追及できたものは一件もなかったのである。

横浜では火元が二二八件確認されたが、最初の揺れから一時間ほどの間の発火が一九〇件に上り、「震災による倒潰家屋の多かりしことを推知するに足る」としたうえで、「火災原因の放火に出づるものは一も存在せず」と述べている。流言が始まった地とされる横浜では、放火は一件もなかったと明確に断言しているのだ。

ラムザイヤー教授の指摘には、ここでも賛同できそうにない。

大阪朝日新聞
第三號外
大正十二年九月四日
大混亂の東京

東京の混乱を写真で報じる、9月4日大阪朝日新聞発行の号外

第三章
論拠の新聞記事を読む

1　「朝鮮人の暴徒」報道

そうこうするうちに新聞記事が集まった。

ラムザイヤー教授が引用した記事はどのような内容なのかを確認してみよう。

†早川東朝社員甲府特電

地震発生から最も早い段階のものは、「朝鮮人の暴徒が家々に放火しながら横浜から東京に向かって進んでいると報じている」（朝日一九二三b）として示された一九二三（大正一二）年九月三日の大阪朝日新聞の記事である。日本の新聞を「イエロージャーナリズムの世界で競っていた」とラムザイヤー氏が指摘した「The reports」の項で用いられたものだ。

探してみると、これは号外であった。

「早川東朝社員甲府特電」として箇条書きでこう伝えている。

(二)

猛火中の親任式

山本内閣の顔觸

【早川東朝社員甲府特電】山本内閣の親任式擧行さ共に早川東京朝日新聞社員は其顔觸を擕して甲府に出で本通信を發信するや直ちに東京に引返したので、二日猛火中であつた山本内閣は愈顔觸が決定した

内閣總理大臣兼外務大臣　伯爵　山本權兵衛
內務大臣　子爵　後藤新平
陸軍大臣　男爵　田中義一
海軍大臣　財部彪
大藏大臣　井上準之助
司法大臣　平沼騏一郎
文部大臣　岡野敬次郎
農商務大臣　男爵　田健治郎
遞信大臣　犬養毅
鐵道大臣　山之内一次

目黒と工廠の火薬爆發

震源地は太平洋にも

【早川東朝社員甲府特電】

▼新兵の劇場を襲つて横濱、神奈川を經て八王子に向つて盛んに火を放ちつゝあるを見た

▼震源地は伊豆大島三原山の噴火と觀測されてゐるが他に太平洋の中央にも震源があるらしい

▼砲兵工廠は火薬の爆發のため全燒し目黒火薬庫も爆發した

川口町も全滅を見る

死傷算なく各所に火災起る

二日午後東京市外川口町（十五哩許りに入る）に強震數回起り全壞家屋五百戸、半壞千五百戸、死傷者算なし、又町内各所に火災起り同町も殆全滅となつた

今曉も尚ほ延燒

軍隊爆彈を投じて破壞し

猛火の喰止めに奔走

三日午前零時大阪府警察部に入つた情報によると、東京市内は尚ほ盛んに延燒しつゝあり、可燃性の建築物に對しては近衛、第一の兩師團兵士が爆彈を投じて破壞し猛火の喰ひ止めに奔走してゐると

苦しさに續々投身

隅田川に無數の死體

増上寺も遂に炎上

警察署長協議

工兵隊が出動して

荒川の鐵橋復舊

第十三師團出動か

救護所續々上京す

大阪朝日新聞が9月3日に発行した号外。「目黒と工廠の火薬爆発」の見出しがラムザイヤー教授の指摘した記事。トップの記事とともに「早川東朝社員甲府特電」のクレジットが見える

▼朝鮮人の暴徒が起こって横浜、神奈川を経て八王子に向かって盛んに火を放ちつつあるのを見た。
▼震源地は伊豆大島三原山の噴火と観測されているが、他に太平洋の中央にも震源があるらしい。
▼砲兵工廠は火薬の爆発のため全焼し目黒火薬庫も爆発した。

先に示した司法省の調査結果によれば、朝鮮人による放火として明確なものは一件もないのだから、「盛んに火を放つ」というような事態が実際にあったとは考えられない。だが、それでは検証にはならない。

そこで、この記事がどのような環境で生まれたのかを考えてみたい。カギになりそうなのは「早川東朝社員甲府特電」という冒頭のクレジット（記事の発信元）である。

朝日新聞は大阪で創刊された。しだいに活動は東京へと広がり、大阪と東京は並立した存在となり、それぞれ大阪朝日、東京朝日という異なる新聞を発行していた。このクレジットは東京朝日（東朝）の早川社員が甲府から大阪朝日に送った記事であることを示している。
それ以上の事情は、関東大震災に遭遇して朝日新聞がどのように行動したのかを知る必要がある。社史を調べてみた。すると次のように記されていた。

この日（九月一日）、最初の激震で、東京市内はもとより、各地に通じる電信電話線は全部切断され、交通機関も停止し、新聞の生命とする通信は全くマヒ状態となった。東京朝日では、一刻も早く大阪本社に連絡すること、同時に新聞本来の使命、すなわち読者に対する報道をどうすべきかについて考究した。活字ケースは幸いにしてどうやら無事であった。しかし、動力がとまったので輪転機は使えない。そこで手引きの機械や謄写版で号外を刷りはじめたが、そのまだるっこさはいうまでもない。そのうちに火の手が迫って来たので、皇居前広場に避難する一方、大阪本社に急を報ずるために、早川勇、斎藤隼一、羽田三吉、山本地栄、福馬謙造、中川敏夫、野田豊、香月保、大東長次郎から九人の記者を四班に分け、中山道、海路、東海道から大阪へ急行させた。

東海道下りの福馬班は、未現像の惨況写真をかかえて一日の夜、燃えさかる帝都をあとに自動車で飛び出したが、至るところ火の海。回り道してようやく厚木の対岸までたどりついたが、相模川の鉄橋が落ちていてどうにもならない。やむなく自動車と別れ、相模川を泳いで渡り、避難者でごった返す東海道を西へ急ぎ、やっと国府津まで着いたのが二日の夜。貨車の中で仮眠し、三日は午前三時に起き、懐中電灯で足元を照らしながら線路伝いに松田へ。線路はアメのように曲がっているし、トンネルはくずれている。山北から山越えで小山に入ると自動車屋があった。しぶる運転手を現ナマで説き伏せて富士裾野駅へ着いた。おりよくも下りの初発が出るというところだった。発車したのは三日夜の八時、翌朝八時半、大阪に着くまで福馬は二等車の中で死んだように眠りこけた。大阪本社の玄関を入ると、この目の落ちくぼんだ泥だらけのルンペン風の若者を守衛がとがめてなかなか中へ入れなかったという。

社史には東京朝日で通信網を所管する通信部長だった美土路《みどろ》昌一《ますいち》の回顧談も載っている。後に朝日新聞の社長となり、さらに全日空（ＡＮＡ）の初代社長もつとめる美土路は「大阪へ向かわせた記者は独身者中から選び、どこからでもよいから大阪か名古屋へ連絡するように命じた。一人を除いては入社したばかりだった」と述懐している。

ここに登場している早川勇記者が「甲府特電」を発信した「早川東朝社員」であることに間違いないだろう。東京から大阪は約五〇〇キロ。東京の状況を伝えるには、情報を携えた人間が大阪にたどり着くか、電話か電報の通じる地点を探し出して大阪へ向けて発信するか二つの方法があった。

この社史には中山道と東海道しか記されていないが、早川記者がたどったのは甲州街道であったと考えられる。そして甲府で機能している通信施設を見つけ、そこから原稿を送ったという経緯が浮かんでくる。

†なぜ記事になったのか

この記事の載った号外は表裏二ページの仕立てで、表面は静岡県を中心とした被災地の写真を並べた構成である。裏面がニュースを伝えているが、トップに置かれているのは「猛火の中の親任式」の見出しの山本権兵衛内閣の発足であり、震災を報じる記事はそれに次ぐ扱いである。いかにニュース価値が高いかを示している。

実はトップの親任式の記事にも「早川東朝社員甲府特電」のクレジットがあり、「山本内閣親任式挙行と共に早川東京朝日新聞社員は万難を排して甲府に出で本通信を送話するや直ちに東京に引き返した」と記されている。山本内閣の親任式は九月二日のことであり、早川記者はこの記事を送信する役割を担って東海道班などよりも遅れて出発し、甲府で機能している施設を見つけ大阪に原稿を送ったと考えることができる。

記事に出て来る八王子は甲州街道沿いの町である。早川記者は西へと急ぐ過酷な旅の途中、「朝鮮人の暴徒が起こって横浜、神奈川を経て八王子に向かって盛んに火を放ちつつある」との流言を八王子で耳にしたのだろう。そうした風聞に警戒を固める自警団や緊張した町の人々の姿も目撃したのだろう。かといって立ち止まることはなく、何より大事なのは託された原稿を大阪へ届けることだと考え甲州街道を先へと急いだに違いない。

早川記者は震災についての原稿も携えていた。震源地と砲兵工廠の爆発を伝えるもので、その原稿を送信する時に、より新しいニュースもと考え、八王子での見聞を盛り込んだのだろうと推測できる。

東京から甲府は今日の道路で一三〇キロほどの距離があり、途中には険しい峠がある。その道のりを若い記者が二日で走破するという涙ぐましい努力の結果、届けられたのがこの数行の記事だったのだ。東海道を急いだ福馬記者が三日にたどりついた裾野駅も東京からほぼ等距離の一二〇キロであった。この年一〇月に東京朝日新聞社が出版した『関東大震災記』には「冒険的に特派された決死的少壮記者」とその活動が記されている。

ラムザイヤー教授が取り上げた甲府発のこの簡潔な記事は、そのような経緯を経て届けられた情報であり、朝日新聞にとっては東京の震災の状況を実際に目にした記者による最初の記事となった。

結果としてこの記事は事実でなかったと考えられる。だが、こうして背景を探ってみると、この記事の文字だけを取り上げ、「朝鮮人が放火をした」と言い張ることはなくなるだろう。同時に「誤報だった」とそしることもなく読むことができるのではないだろうか。

†軍の電文をそのまま報道

懸命に情報を届けようとした東京の側の姿は見えてきた。情報をつかもうとした大阪側の動きはどうだったのだろう。

朝日新聞の社史はこう記している。

大阪本社では、一日の正午前、「東京朝日」と通話中の電話が「地震だ！」との叫び声とともに切れ、同時に激しい震動を感じたので、スワとばかり各方面に手配したが、東京はじめ関東地方との通話はすべて不可能となっていた。潮岬などの無電局も利用したがこれもだめ。そのうち大阪鉄道局に沼津大地震という情報が入り、まずこれを号外として速報すると、続いてばく然とした内容ながら横浜大火の報やら各地の被害状況もはいって来た。これらはいずれも号外や一日の夕刊紙上に伝えたが、東京方面の状況を知るため篠崎昌美、横田巳之助（写真班）、平井常次郎（のちの朝日放送社長）、山本彦一（写真班）を二班に分けて一日午後、陸路をとって先発させ、二日午後には高橋増太郎、小菅仲（写真班）の二人を神戸出港のシカゴ丸に、今井精造、長谷川義一（写真班）の二人を山城丸に乗せて横浜に向かわせた。このとき最も遺憾であったのは、本社の川崎号や春海号をはじめ四台の飛行機が東京洲崎の埋め立て地で焼失したことで、大阪本社では一日夜、日本航空会社に水上機二台の特派を依頼し、その一機には木村亮次郎記者が同乗して東京へ向かった。

「朝鮮人の暴徒が街を駆け抜ける際に爆発物と石油（おそらく灯油）を運んでいたと報じている」（朝日一九二三c）とラムザイヤー教授が紹介している記事は、出典を確認すると九月四日の大阪朝日新聞と記されていた。紙面を調べてみると、これは九月四日付の夕刊だった。夕刊は翌日の日付で印刷するのが慣例だった。遠隔地の場合は翌日の朝刊と一緒に配達されたといった事情のためだったようで、ラムザイヤー教授が紹介した記事は厳密には九月三日に発行された四日付の夕刊に掲載されたものであり、三日の午前中という段階で書かれたものだ。

「各地でも警戒されたし／警保局から各所へ無電」との見出しで以下のように報じるものである。

神戸に於ける某無線電信で三日傍受したところによると、内務省警保局では朝鮮総督府、呉、佐世保両鎮守府並に舞鶴要港部司令官宛にて目下東京市内に於ける大混乱状態に付け込み不逞鮮人の一派は随所に蜂起せんとするの模様あり、中には爆弾を持って市内を密行し、また石油缶を持ち運び混雑に紛れて大建築物に放火せんとするの模様あり、東京市内に於ては極力警戒中であるが、各地に於ても厳戒せられたしとあった。

ここで傍受したのは内務省警保局長名で九月三日午前八時一五分に、千葉県船橋の海軍送信所から発信された以下の電文と考えられる。

東京附近の震災を利用し、朝鮮人は各地に放火し、不逞の目的を遂行せんとし、現に東京市内に於て爆弾を所持し、石油を注ぎて放火するものあり。既に東京府下には一部戒厳令を施行したるが故に、各地に於て充分周密なる視察を加え、鮮人の行動に対しては厳密なる取締を加えられたし。

東京の無線や電話の施設はことごとく機能を失い、近郊で唯一、使用可能だったのが千葉の海軍省船橋送信所だった。この電文は陸軍の騎兵が伝令となり東京から船橋へと運び発信された。体裁上は呉《くれ》鎮守府の副官宛で、受け取ったら各地方長官へ伝達してほしいと依頼するものであった。

早川記者が八王子を通過したのも、警保局長が伝令に電文を託したのも二日のことであったと考えられる。この二つの記事が示すのは、そのような流言、風説が被災地で二日に流布し信じられていたことであり、その情報を三日に受け取った大阪の人々がそのままに信じるという環境、雰囲気にあったということだ。

　大阪の新聞記者たちは情報の集まりそうな場所を探して取材を繰り広げていた。神戸の無線基地はその一つで、そこでこの電文の内容をつかんだ。内務省警保局長は、今日なら警察庁長官に相当する職である。その高官から各地方長官というから道府県の知事のような人たちに宛てた通達なのだ。最高度の内容と信頼度の情報だと記者が判断するのは当然であっただろう。まして被災地の東京で何が起こっているのかという情報は全く不足していたのだ。

　同じ九月三日発行の大阪朝日新聞の夕刊には「厳重武装の上急派／横須賀から横浜へ」との記事も載っている。こう伝えるものだ。


【三日午前七時海軍次官発横須賀長官宛】横浜市罹災者窮状言語に絶し、窮余の形勢頗《すこぶ》る悪化しつつあるものの如く、殆ど無警察の有様なり。よって麾下及び貴官学校その他の大佐の指揮する一隊を厳重なる武装の下に大至急同市に派遣し治安維持に当たらしむべし海軍内の命令を伝える電文をそのまま報じている。これもどこかの無線基地で傍受したものなのだろう。震災の直後に、新聞がどのようにして情報を集めたのか、その一端が見えてきたのではないだろうか。

†九月四日時点の報道

大阪朝日新聞は九月四日、東京朝日の福馬記者の到着を受けて号外を発行している。「大混乱の東京」の見出しを置いた表面は、福馬記者がもたらした東京の被害を伝える写真の特集である。

裏面はほぼすべてが福馬記者の報告で、「帝都の写真を齎《もたら》して／大阪への第一急使／東京朝日新聞記者福馬謙造着す／徒歩にて震災の東海道を縦走」という大きな見出しが立っている。記事は以下のように始まる。

大災害の第一日なる一日夜、折柄猛火の中に包まれつつある東京朝日新聞社を後に、勇敢にも火の海の帝都脱出を企て、大阪朝日本社に惨憺たる首都の写真と通信記事を齎らす重大なる使命を帯び一日午後十時、自動車にて出発したる東朝記者福馬謙造氏

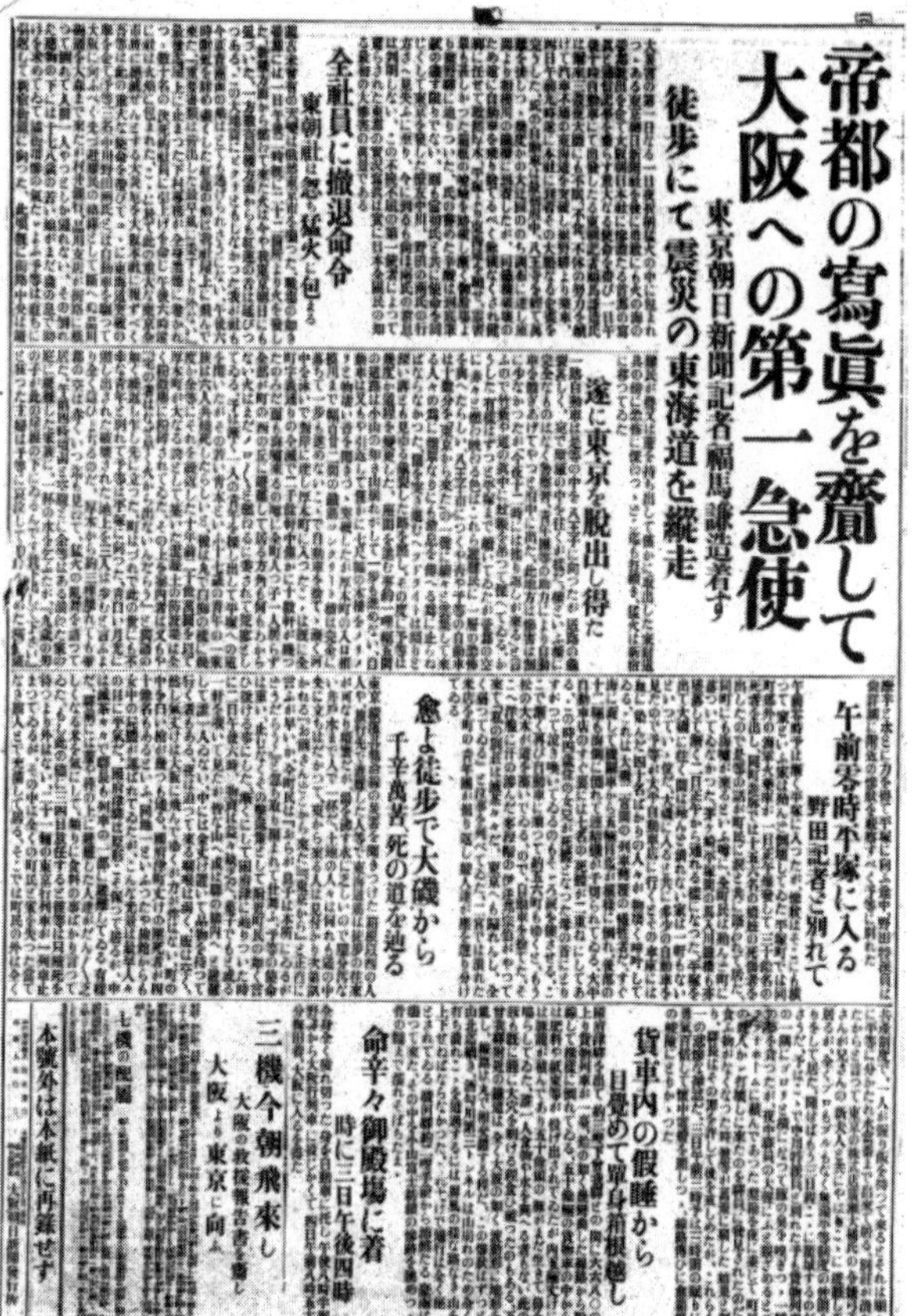

帝都の寫眞を齎して
大阪への第一急使
東京朝日新聞記者福馬謙造着す
徒歩にて震災の東海道を縱走

全社員に撤退命令
東朝社も忽ち猛火に包まる

遂に東京を脱出し得た

午前零時平塚に入る
野田記者と別れて

愈よ徒歩で大磯から
千辛萬苦死の道を辿る

貨車内の假睡から
目覺めて單身箱根越し

命辛々御殿場に着
時に三日午後四時

三機今朝飛來し
大阪より東京に向ふ

本號外は本紙に再錄せず

福馬記者の報告で埋まった９月４日大阪朝日新聞発行の号外の裏面。表面は71頁に掲載

は爾来三昼夜、大胆にも不眠、不食、不休の努力を続けて汽車不通の東海道を突破し、裾野駅より乗車、四日午前九時、遂に本社に到着、その大胆なる企画を完《まっと》うした。氏の自動車は最初、府中、八王子を経て、万難を排しつつ幾度かの大迂回ののち調布に達し、座間より相模川の鉄橋に到着したが、同鉄橋破壊のため遂に自動車を乗り捨てるべく余儀なくされ、健脚に任せて敢然、厚木、平塚より東海道を馳せ、震害最も甚だしかった箱根の峻険を踏破し、漸く御殿場より裾野駅に辿りついた。氏の嘗めた辛酸は到底筆紙の尽す限りでない。しかも当初、氏と共に使命を同じくして東京を発した僚友中川、野田の両氏の行方さえ見失うに至り、今に到るも尚ほ両氏の消息は判明しない。この不撓不屈の第一使者によって齎らされた東都の実況写真は実に日本全国民の知る最初の大災害の真景である

記者の奮闘を伝えると同時に、九月四日という時点において被災地の状況を報じるのがいかに困難であったかを伝えている。大阪朝日新聞ではさっそく福馬記者による報告演説会を中央公会堂で開き、「ここに大阪市民ははじめて震災の実況を知り、今さらのごとく驚愕したのである」と記録されている。

ラムザイヤー教授が示した記事はこのような状況で報じられたものだった。伝えたような事実はその後、確認されていないので誤報であった。だが、もし私が新聞記者としてその場に居合わせたなら、どうするだろうと考えると、警保局長発の電文を記事にしないという選択肢は思い浮かばなかった。

2　碓氷峠の爆弾テロ計画

†九月四日名古屋新聞

「何人かの朝鮮人は、逮捕された時に、列車を爆破する計画を自白したと名古屋の新聞は報じている」としてラムザイヤー教授は九月四日の名古屋新聞を示していた。「碓氷峠《うすいとうげ》の上から列車爆破企つ」という見出しの記事だと出典を記していた。

ラムザイヤー教授が主に引用した『現代史資料』には見当たらない。名古屋新聞は今日の中日新聞の前身の一つで、紙面は国立国会図書館にマイクロフィルムとして残っていることは確認できたが、もっと手近な所にあるのではと探すと、インターネット上の「そよ風」というサイトに記事の写真が掲載されていた。

「マスコミの偏向報道、教育の場での自虐史観授業等に日本の危機を感じています」「先人達が命をかけて築きあげてきたこの素晴らしい国、日本を失わないため、私達は行動します」と活動の狙いを掲げるサイトである。群馬県内で二〇一四年に発行された小冊子が、関東大震災の時に、群馬県でも朝鮮人虐殺があったことにふれ、「虐殺の原因となった流言は東京からの避難者が持ち込んだものであり、実際は誰も見たことのないことだった」と主張していることへの反論として、「朝鮮人の暴動は実際にあった」ことの証拠として提示しているものであった。

そこに掲載された写真によると、見出しは「碓氷峠の上から／列車爆破を企つ／松井田駅で逮捕された／不逞鮮人の自白」とある。この記事はラムザイヤー教授の論文にも登場した立教大学名誉教授の山田昭次さんが編纂した『朝鮮人虐殺関連新聞報道史料』にも収録されている。以下のような記事である。

爆弾を所持せる鮮人七、八名が、七時十三分松井田駅に下車せるを警戒中の巡査に逮捕せられ、目下厳重取調中であるが、彼等と行動を共にする二、三のものが爆弾を携帯して碓氷峠より同山麓を通過の列車を目懸けて投擲《とうてき》する目的で入り込んだ事が判明した。軽井沢地方には多くの鮮人入り込み居る事とて、両者の間に如何なる連絡あるやも知れず、軽井沢警察にては大恐慌を来たし、目下警戒中なるが碓氷峠に入り込んだ鮮人の行方は不明である（長野）

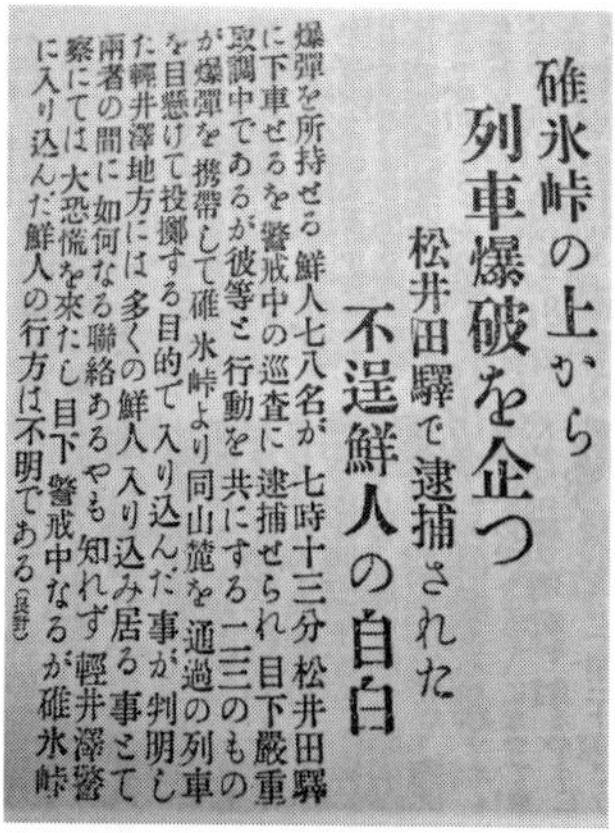
碓氷峠の上から
列車爆破を企つ
松井田驛で逮捕された
不逞鮮人の自白

爆弾を所持せる鮮人七八名が七時十三分松井田驛に下車せるを警戒中の巡査に逮捕せられ目下嚴重取調中であるが彼等と行動を共にする二三のものが爆弾を携帯して碓氷峠より同山麓を通過の列車を目懸けて投擲する目的で入り込んだ事が判明した輕井澤地方には多くの鮮人入り込み居る事とて兩者の間に如何なる聯絡あるやも知れず輕井澤警察にては大恐慌を来たし目下警戒中なるが碓氷峠に入り込んだ鮮人の行方は不明である（長野）

名古屋新聞が報じた「碓氷峠の爆弾テロ計画」の記事。記事の末尾に（長野）のクレジットがある＝『朝鮮人虐殺関連新聞報道史料』から

一読して不思議に思ったのは、記事に日付がないうえ、午前か午後かも示されていないことだった。もしやと確認すると、やはり号外だった。よほど慌ただしく発行したのだろう。

どこか他の新聞に類似の報道があるのではと探すと、九月五日の函館日日新聞の夕刊に「野獣の如き鮮人暴動／魔手帝都から地方へ／強盗強姦掠奪殺人が彼等の目的／近衛と一師団が必死の活動／片っ端から殺したり縛りつく」という記事が見つかった。「東京、横浜、川口、御殿場方面に於ける鮮人の跋扈《ばっこ》甚だしく、東京市内の如き前後十数回に亘り暴動起こり、爆弾投下、強盗、強姦、掠奪、殺人等あらゆる残虐を極め、近衛、第一両師団は必死となって鮮人逮捕に努め、身装怪しき鮮人は片っ端から捕縛して鉄橋に縛り付け」にするなど厳重な警戒を行っており、そのため朝鮮人は東京から地方に飛散しようとしているとして各地の動きを伝えるものだ。近衛と第一はともに東京を拠点とする師団である。

その中に次の記事があった。

【長野情報】爆弾を携帯している鮮人七、八名は三日午後七時一三分、松江《ママ》田駅に下車した処を警戒中の巡査に逮捕され目下厳重なる取調べを受けているが、これらと行動を共にする二、三名は爆弾を携帯し碓氷峠その他信越線を通過する列車を目がけて爆弾投下する目的を以て碓氷峠に入り込んだこと判明し、また、軽井沢地方からも多数の鮮人入り込み居ることとて両者の間に如何なる連絡あるかも知れないと軽井沢警察署は、大恐慌を来たし目下大警戒中であるが、碓氷峠に入り込んだ鮮人の行衛全く不明さらに探すと九月五日の河北新報にも（新潟経由長野電報）のクレジットで「不逞鮮人／軽井沢にも入り込む」として同じ内容の記事が載っていた。

名古屋新聞、函館日日新聞、河北新報の情報源は同じと考えることができるので、松井田駅で発端の事件があったのは三日の夜であることが判明した。

†鉄道が情報源に

ニュースの舞台は群馬県安中《あんなか》市にある信越線の松井田駅であり、名古屋までは約三〇〇キロの距離がある。

どのように伝わった情報だったのだろう。

手がかりは記事の最後の（長野）というクレジットにあるはずだ。長野から発信された情報であることを示している。松井田駅から長野までは県境をまたいで一〇〇キロほど離れている。

当時の長野県内の状況はどうだったのだろう。

信濃《しなの》毎日新聞の社史は次のように伝えている。

関東大震災がおこったとき、長野地方ではタナの物が落ち、町を歩いている者が電柱にもたれかかり、余震を怖れた一部市民が善光寺境内に避難する程度であったが、東京方面との連絡は忽ち絶えてしまい、大事件と察知された。競争紙長野新聞は、大あわてに「震源地は川中島方面か」という号外を出した。

しかし信毎では、鉄道担当の山路久三郎記者が「長野駅よりも篠ノ井駅の方がもっと大きく感じ、さらに上田駅ではもっと多くの物がタナから落ちて、市内には倒壊する家屋もあり、小諸駅ではなおそれにも増し、軽井沢から先は全くわからない」と編集長に連絡してきた。そのとき三沢は断を下して、山路の情報をそのまま記事にし「東京の消息全く絶ゆ」との号外を出させた。これが、大震災の最初の報道となり、次々に「行けるところまで行けと」命令して、幾人かの特派員をつぎ込んだ。

この社史が示すのは鉄道の通信網が貴重な情報源となっていたことである。

そうした事情は長野に限ったことではなかった。大阪毎日新聞の社史は次のように記している。

最初の激震が伝わると同時に、本社では直ちに大阪駅と中央電信局、大阪測候所に記者を急派し、震源地を確かめることにしたが、大阪測候所の観測では、震源地は伊豆半島だろうとのことであり、大阪駅では東海道線、原、鈴川付近以東が列車不通となっているから、その辺が震源地だろうとのことであった。この観測を基礎として、午後二時三分に「本日の大地震」という号外を出した。その後に至り、中央電信局で得たニュースは横浜市街に火災起こり、各汽船が大混雑を呈しているというのであった。これを同四時三十七分に第二号外として出した。

当時社会部の記者は大半、八月二十一日に淡路仮屋沖で起こった潜水艦沈没事故のために仮屋へ出張していたので、内国通信部長福良虎雄氏は主事奥村信太郎氏とはかり、本社に来合わせていた西宮特置員の三好正明、連絡部員の君島知徳両氏を名古屋支局へ急派し、東京日日新聞と本社の連絡に当たらしめるとともに、名古屋支局長大内秀麿氏と打合せをなし、名古屋鉄道局に集まる情報を本社へ急報せしめることとし、一方富山特置員石黒憲輔氏に打電して、直ちに東京へ急行せしめた。

その間に鉄道電話その他を利用して伝わってくる報道は、いよいよ震害の甚大なるものを思わせるに至った。そこで午後十時には第四号外「横浜の大建築物殆ど倒壊し盡す、ほか数件」、同十時四十分には第五号外「東京市二十ヶ所に大火起こり、浅草の十二階倒壊す」という号外を発行した。社員は大阪駅、中央電信局、平野郷無電局に詰め切り、徹夜して新しい情報の入るを待っていた。

かくの如く鉄道の電信電話、中央電信局、平野郷無電局等の通信機関を利用して、小さな情報一つでも洩らすまいと極力努力した結果が九月二日の朝刊に現れた。それは「日本未曽有の大地震」「横浜市全滅」「東京市大火災」「本所、深川全滅」「浅草、下谷、神田も焼失」「東京市水道潰滅」「死者何万とも知れず」という断片的な報道のみで、具体的なことは十分にわからなかったのである。

大阪朝日新聞も見ておこう。九月一日発行の号外は四点を国立国会図書館で確認することができた。

第一号は「本日正午の大地震／東海道鈴川方面が震源か／一尺余りも陥没した鈴川駅」との見出しで次のように報じている。

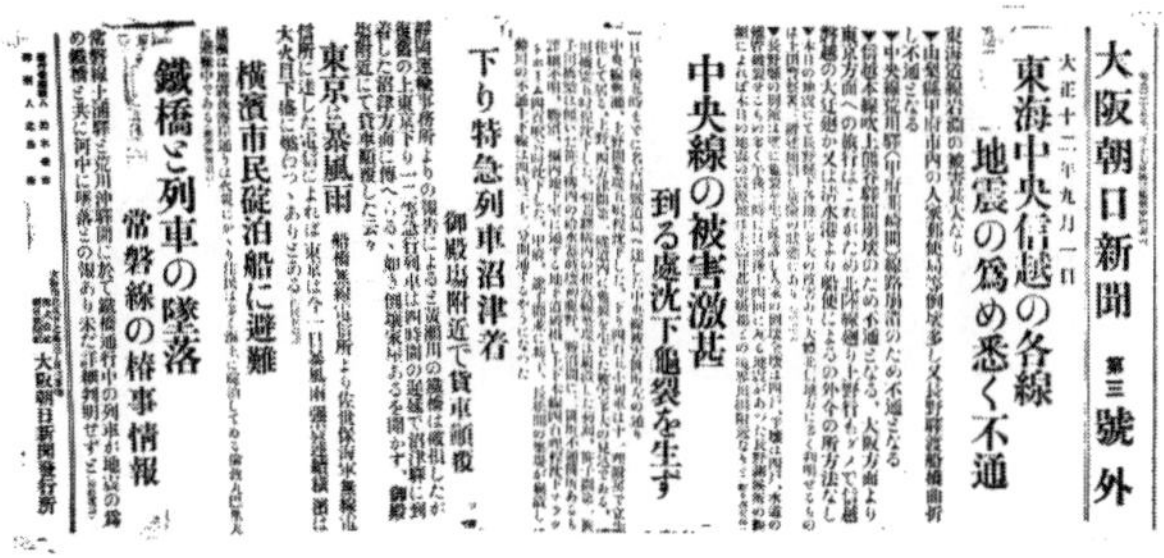

大阪朝日新聞　第三號外
大正十二年九月一日

東海中央信越の各線
地震の爲め悉く不通

中央線の被害激甚
到る處沈下亀裂を生ず

下り特急列車沼津着
御殿場附近で貨車顛覆

東京は暴風雨

横濱市民碇泊船に避難

鐵橋と列車の墜落
常磐線の椿事情報

大阪朝日新聞發行所

大阪朝日新聞が９月１日に発行した号外の中で最も大きな第三号。ほとんどが鉄道関連の情報で埋まっている

一日正午前後より約五分間乃至《ないし》七分間に亘って東海道沼津附近を中心として近来稀有の強震あり。東海道線静岡県鈴川駅附近に地辷《すべ》りを生じ線路を破壊して列車不通となり東京発下関行急行第三列車は立往生するの已《や》むなきに至った。鈴川駅は地辷りのため約一尺五寸陥没し附近一帯の被害甚大なる見込みなれど電信電話等一切不通にて詳細判明せず。貨物列車も同時に不通となった。

それに続けて「電信電話 悉《ことごと》く不通」との記事が置かれている。

強震の起こる時まで完全に通じていた大阪東京間の電信電話はユリ出《ママ》すとともにピタッと急に不通となり、東京、静岡、横浜、浜松、札幌への直通線も、金沢その他の方面からの迂回線も東京へは通ぜず、その為電話の申し込みも電信の依頼も受付けを断っている。今の所開通の見込は全然不明である。

第二号外には「地震と駿河《するが》湾《わん》の大海嘯／富士山爆発の変じたものか」の見出しが立っている。

東海道鈴川を中心とした激震は一日午前十一時五十八分から約五分間に亘って三回あり、それから二十分を経て二回、午後一時に至り二回に亘り揺り返しがあった。鉄道線路惨害のため一二等下り特急列車は沼津に立往生をし蒲原、岩淵駅との間に約二鎖の土砂陥没した。一説には富士山を中心として山麓浮島沼が震源地であるともいわれ、富士山爆発するのが地震に変化したものだろうともいわれている。この地震と同時に三保の松原に高さ九尺余の海嘯が三回に亘って押し寄せ、駿河湾の海水は四五尺増して怒濤を起こした。これがため附近に出漁中の漁船その他の船舶はその揺波で一所に打揚げられた（静岡電話）

二鎖とは何だろうと調べると、英国の距離の単位「チェーン」のことで、一チェーンは二〇メートルほどのようだ。鉄道が英国から導入されたことを物語る単位なのだろう。

第三号外はこの日の号外で最大のものだ。

大きな見出しの記事だけで六本もある。①「東海中央信越の各線/地震の為め悉く不通」、②「中央線の被害激甚/到る処沈下亀裂を生ず」、③「下り特急列車沼津着/御殿場《ごてんば》附近で貨車顛覆」、④「東京は暴風雨」、⑤「横浜市民碇泊船に避難」、⑥「鉄橋と列車の墜落/常磐線の椿事情報」の六本で、④と⑤を除けばすべて鉄道の情報だ。独自の通信網を通して国鉄内で情報が伝達されるのを記者が入手し、記事にしたと考えることができる。

第四号外はトップに「東京全市に大火起る/倒壊家屋多く市中大混乱」の見出しが置かれている。読んでみると「一日午後五時二十分までに名古屋運輸事務所に達した情報によれば」と報じるものだ。そのほか二本の記事も「死者六七百名に及ぶ/御殿場駿河駅の大惨害」「東北本線の鉄橋も落つ」と鉄道関連の情報だ。

こうしてたどると、鉄道の情報がいかに貴重な情報源であったかが伝わってくる。国鉄の通信施設は当時、一般にも開放されていた。一八八八(明治二一)年に「鉄道所属電信電話線公衆通信取扱規則」が勅令で定められ、鉄道の駅で電報を打つことができた。今日とは異なり、鉄道の駅は公衆電信の窓口という役割も担っていたのだ。

†（長野）の意味すること

ここまでいくつかの社史や紙面に目を通してきたのは、ラムザイヤー教授が紹介している名古屋新聞の記事を検討するためである。

群馬県の松井田駅であったとされる逮捕劇をもとに爆弾テロの計画を伝えるもので、どのようにして入手した情報だったのかは記事の末尾の（長野）というクレジットが示している。

クレジットの使い方は新聞社によって異なっていたようで、名古屋新聞の用法を他の記事をもとに探ってみた。

するととても分かりやすい用例が五日の紙面に見つかった。

「鮮人警戒／皆に尾行をつけた長野県」という見出しの記事は「長野県は群馬県と共に不逞鮮人の一大警戒を行う事となり、また県下各警察に対し本県知事は鮮人に対し悉く尾行を付すと共に厳重に取締をなすべく四日訓示を発した（長野）」と報じていた。

それに対して「危険な物を持つ／不良の徒を引致／警視庁で二百余名」という記事は「一日夕刻から警視庁外事課内鮮係官および高等特別課員六名が二百余名の不良の徒を引致し取調べをなしたるが、このうち或者は危険なる品物を携帯するもの三十余名に及び、引き続き取調べ中（高崎電話）」と記していた。

（高崎電話）は大きなヒントであった。朝日新聞と毎日新聞の社史は、東京から大阪へと連絡のできるルートを懸命に探した経緯を記している。その結果、どちらもたどり着いたのが群馬県の高崎だった。高崎から名古屋への電話が通じることを見つけ、東京から高崎までオートバイで原稿を運び、そこから電話で名古屋に原稿を送り、さらに名古屋から大阪へとリレーしてニュースを届けていた。

（高崎電話）のクレジットは、名古屋新聞も同じことをしたことを強く示唆している。これは高崎から発信した自社の記者の原稿であることを意味していると考えることができる。記事は東京における警視庁の動向をまとめたもので、記者が介在しないと成立しない内容であることも裏付けとなる。

それに対して（長野）は何を意味するのだろうか。

名古屋新聞の記者が長野から発信したのなら（長野電話）となるはずである。通信社は送稿の手段を失っていたから可能性がない。単に（長野）とあるのは、この情報は長野から何らかの手段で発信されたもので、それを名古屋新聞が入手したことを意味していると判断できる。函館日日新聞の【長野情報】というクレジットも同様の意味だろう。

名古屋新聞に（長野）の記事はほかにも数多く、継続して情報が長野から発信されていたことを物語っている。

そのような情報源がほかにあるだろうか。

これは鉄道しか考えられない。

鉄道のネットワークを通し長野から発信された情報を名古屋で入手して記事にしたのだ。「皆に尾行をつけた長野県」の記事の場合は、長野県庁から新しい方針の通知が長野の国鉄の出先機関に届き、それを名古屋に報告したといった経緯が想定できる。

大阪毎日新聞の社史が示すように、名古屋新聞も名古屋鉄道局などに記者を張り付けていたはずで、そこで見聞きした情報がこの記事になったと考えることができる。この年の鉄道省の職員録を確認すると、鉄道局は東京、名古屋、神戸、門司、仙台、札幌と全国六カ所に設置されていた。長野には運輸事務所があり、名古屋鉄道局管内の組織であった。重要だと考える情報があれば長野から名古屋へと報告するのは当然の業務であったはずだ。

河北新報の（新潟経由長野電報）のクレジットは長野発の情報が新潟経由で仙台に届いたことを示しているが、新潟は仙台鉄道局の管内であった。

震災の直後には「軽井沢から先は全くわからない」状態だったが、軽井沢から碓氷峠を越え東京へと向かう信越線は地震の被害が比較的軽微だった。信濃毎日新聞の社史は、信越線を利用し記者が東京へ向かったことを伝える記事を収録している。「本社の命を受け二日夜、信越線によって急行。最終運転駅たる川口駅にて汽車を捨て、焔々天を焦がす大東京に向かって徒歩強行した」と伝えるものだ。名古屋新聞にも信越線経由で記者が東京へ向かったことを報じる記事が見える。大阪毎日新聞には、名古屋から信越線を経由し川口までの列車が三日から一日四便運行を始めるとの記事も見える。それだけでは乗客をさばききれないので大阪から北陸線・直江津《なおえつ》回りの列車が運行されるとの記事もあり、大阪―川口間の所要時間は最長で二七時間一七分と報じている。

それに対し震源に近い東海道線と中央線は被害が甚大で運行は不能だった。全線が開通するのは中央線が一〇月二五日、東海道線は一〇月二八日である。上越線はまだ開通していなかったので、ほかに考えられるのは東北線で福島県の郡山《こおりやま》まで行き、そこから磐越西線で会津を通って新潟へ回るというルートくらいだった。

東京から西へと向かうには信越線が頼りだったのだ。鉄道の通信網も同じ事情だったと考えられる。震災の情報は信越線の回線を通して長野へと届けられ、そこから名古屋を経由してさらに西へと伝えられたのだ。

震災当時の国鉄の業務日誌によれば、神戸鉄道局の二日の記録に「名古屋鉄道局よりの通信により災害の内容次第に明らかとなり、意外の大事なることを知った」と記されている。信越線ルートで名古屋へ伝わった情報が神戸に届いたことを示しているのだろう。

さらに、東京を脱出しようという動きも活発になっていた。西へ向かおうとする人々が信越線にどっと押し寄せていたのだ。

†鉄道周辺の環境

この記事を理解するには、震災直後の鉄道やその周辺の雰囲気を知っておいた方がいいだろう。

五日前後の河北新報の紙面には仙台駅に到着した避難民の経験・目撃談がいくつも載っている。

東北本線に乗り込むとしても避難民が多いので客車の屋根に満載するという有様で、自分もまた小山駅まではこの屋根乗りをした。しかして列車中では各駅ごとに、鮮人鮮人早く殺せなどと騒ぎ廻るので、汽車は何時《いつ》も停車して時間をつぶす有様であった。仙台駅までの間に二三ケ所で、鮮人と目され群衆の為に撲《なぐ》り倒されたものがあったが、果たして不逞鮮人か避難民の疲労者か疑う余地があった。列車中にも白河駅まで国粋会と染め出した肩章の青年連が乗り込んで警戒に任じていたが、その態度の傲慢不遜なのに何れも目を掩うている始末であった。東京府中は勿論、列車の内もすべて戦時状態なので、殺気溢れて一刻の安息が得られぬほどであった。仙台についても、一名の男が鮮人として警官に拉《ら》つし去られたが何とも云えぬ気持がした。

日暮里と赤羽、川口と大宮と宇都宮から福島と乗換えやっと仙台に着きましたが、各駅では学校、青年団、婦人会の救護班によって食糧を給与され満足しましたが、汽車の中に朝鮮人が居るか居らぬかと警官や駅員が懐中電灯で照らして頸《くび》実験するという物凄い警戒ぶり。宇都宮では日光の御用邸を襲撃すべく乗込んだ不逞鮮人十数名のうち爆弾携帯の鮮人四名を捕縛し撲殺したという騒ぎでした。日暮里附近で電車の電線で後手に縛られた朝鮮人が路傍に撲殺されているのを見ましたが、全く戦慄すべき大惨害です。

仙台駅における水も漏らさぬ警戒ぶりは物凄いほどで、列車の着するごとに鮮人は居らぬかと鳶口《とびぐち》、棍棒を持った自警団員がホームに殺到して眼を光らし、少しでも怪しいと見ればこれを取り囲んで打倒せんとする有様で仙台駅頭は殺気張っている。民衆の昂奮はもっともながら、群集心理の附和雷同から無闇矢鱈に騒ぎ廻り、何等罪なき良民を傷つくるが如き行為は謹まねばならぬ。現に鮮人と思い誤られた立派な日本人が群衆の威嚇に極度に恐怖し逃走したとて、朝鮮人だ殺して了《しま》いと喊声《かんせい》を揚げて追いまくり、一名は警察官が身をもって保護し事なきを得たが、他の一名は何者かに鳶口を背部に打込まれ二ヶ所に重傷を負い、中央篤志会の手当を受けて仙台座に収容された。

河北新報が伝えるのは東北線沿線の様子である。

信越線方面はどうだったのかと探すと、五日の名古屋新聞に「爆弾を持った不逞の徒殺さる／碓氷峠以東は殺気立つ」という記事があり、「三日夜、深谷において二名、高崎市において三名の不逞の徒が爆弾を所持しておるのを同市の人々に発見され、五名の者は鳶口、棍棒等にて撲殺せられた。碓氷峠以東は鮮人に対する一般民の感情は非常に殺気立っておる（長野）」と伝えている。

六日と七日の名古屋新聞には東京から名古屋へ帰り着いた記者のルポが載っている。東京を三日に出発した列車の中では朝鮮人の取り調べが厳しく、朝鮮人に間違われたらどうしようと心配したが、そうした空気は次第に薄くなり、「汽車が碓氷トンネルをくぐりぬけてからは、鮮人に対する空気全く別天地に入れるの感あり」「木曽福島に至れば、多数の鮮人がドヤドヤと我らの列車に乗込み来るのも誰も怪しまない」と記している。

†記事が生まれた背景

「碓氷峠での爆弾テロ計画」の記事が生まれた背景が見えてきた。

信越線は列島の東西を結ぶほぼ唯一のルートであった。沿線きっての難所である碓氷峠はトンネルが連続し、蒸気機関が吐き出す煙のために運転手が窒息する危険さえあったと伝わる。列車の屋根にまで乗客を満載などという状態で越せるはずがない。ニュースの発端となった松井田駅は、その峠への入り口ともいうべきスイッチバックに設けられた規模の大きな駅であった。おそらくは避難民でごった返していたのだろう。その中を自警団が朝鮮人を探して動き回っていた。そして何らかの騒ぎがあったのだ。

その情報が鉄道の通信網を通して県境を越えて長野へと伝わった。碓氷峠の東では大変緊迫した状況であることを知っていた長野の鉄道マンが軽井沢の動向などを加えて名古屋鉄道局に報告し、それが国鉄内で伝達されたと考えることができる。列車に向かって爆弾を投げる計画が明らかになったというのだから、鉄道関係者にとってはきわめて重要で、警戒を促すためにも緊急に全国に周知しなくてはいけない情報だっただろう。

線路に沿って全国を結ぶ国鉄の通信網を通して伝言ゲームのようにもたらされた情報だったのだ。それを名古屋新聞の記者が名古屋の鉄道関連施設で入手し記事にしたと考えることができる。「列車に爆弾」だというのだから事態は深刻だ。号外を出すという判断も当然であっただろう。

この記事が伝えたような犯罪が、その後の捜査で明らかになったという記録は見当たらない。誤報だったとしか考えようがないのだが、なぜそのような記事が生まれ、号外が発行されたのか、その輪郭が見えてきたのではないだろうか。

こうして調べてみると、この記事の解釈でも、ラムザイヤー教授の見解に同意することはできそうもない。

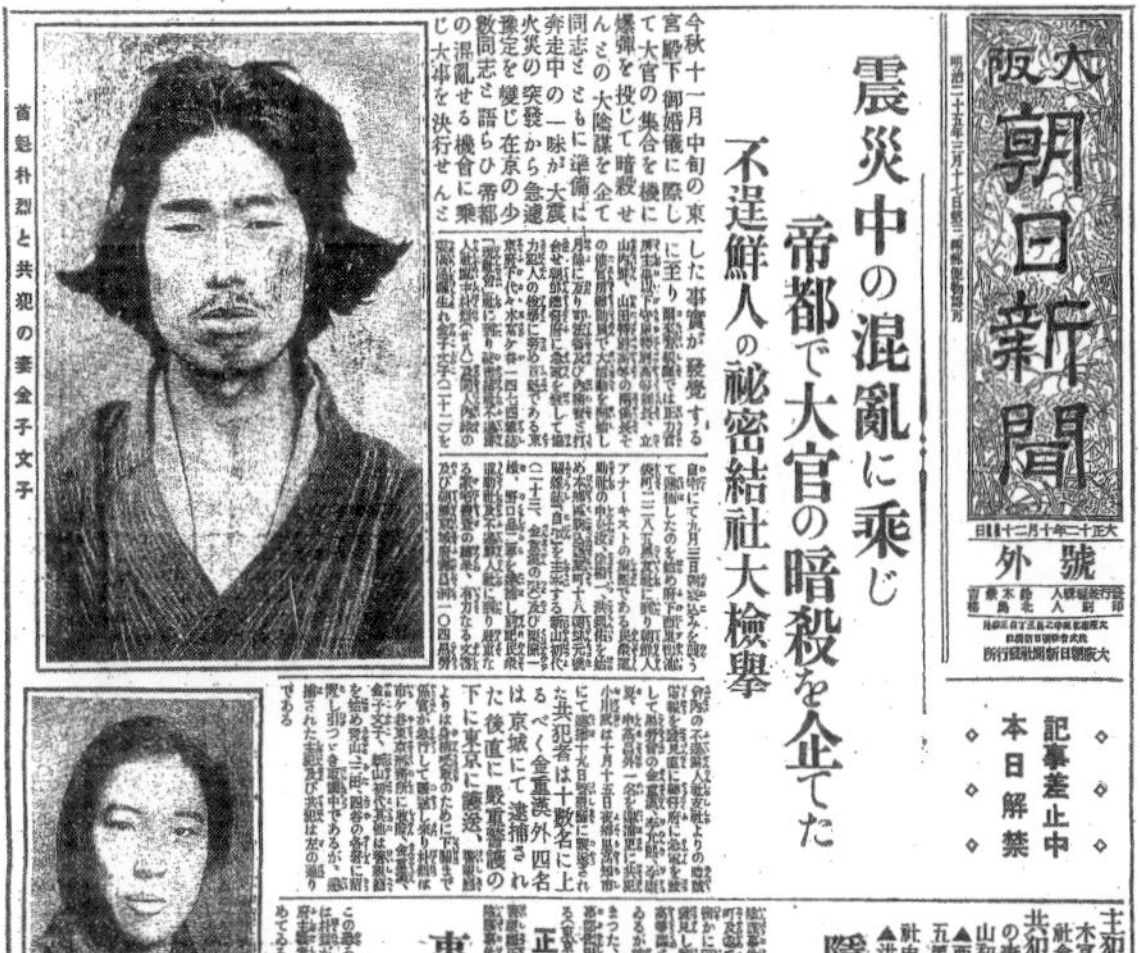
大阪朝日新聞
號外
大正十二年十月二十日

震災中の混亂に乘じ 帝都で大官の暗殺を企てた 不逞鮮人の祕密結社大檢擧

記事差止中 本日解禁

今秋十一月中旬の東宮殿下御婚儀に際して大官の集合を機に爆彈を投じて暗殺せんとの大陰謀を企て同志とともに準備に奔走中の一味が大震火災の突發から急遽豫定を變じ在京の少數同志と語らひ帝都の混亂せる機會に乘じ大事を決行せんとした事實が發覺するに至り

首魁朴烈と共犯の妻金子文子

主犯 東京府下代々木富ヶ谷一四七四現社會社朴烈▲金重漢 共犯 金子文子（朴の妻）▲小川武▲新山初代（金重漢の妻）▲西巣鴨池袋一一八五黒友會内民衆運動社申炎波▲同徐相一▲洪鎭佑▲同李允熙▲同李康夏▲同申基昌▲栗原一雄▲野口品二

隱匿せる爆彈を 發見して分析中

事件發覺の端緒 文子口を辷らす

正力主事談

張本人朴烈と大杉榮の關係

首魁金重漢と共犯の妻

第四章

一〇月二〇日前後の新聞記事

大阪朝日新聞が発行した「朴烈大逆事件」の号外

1　朝鮮人にかかわる報道解禁

ラムザイヤー教授が論文に引用した新聞記事は、時期によって大きく二つに分類できる。一つは震災直後の混乱期の記事で、ここまでに確認したのは、その時期のものであった。

†箇条書きで二三の犯罪

もう一つは一九二三（大正一二）年一〇月二〇日以降のもので、「朝鮮人の放火、ダイナマイトによる爆破、そして一般的暴行について、直接得た情報を詳しく報じている」と論文に紹介された一〇月二一日の東京日日新聞の記事はその典型例だ。

朝刊の二面に「震災の混乱に乗じ　鮮人の飽くなき暴行　道に内地婦人を襲うて殺害強盗放火を随所に」という見出しで、こう報じている。

今回の震災に際し鮮人で不法行為をしたもののあったことは盛んに喧伝されたが、

その筋の調査した所によれば、一般鮮人は概して順良と認められるけれども、一部に不逞の徒あって幾多の犯罪を行った。その大要左の如くである。
◇九月一日午後六時頃本所中の郷付近で鄭熙瑩は罹災者から衣類道具を掠奪
◇一日午後八時過ぎ、氏名不詳の鮮人一名、日本橋区北鞘町一石橋際、大谷倉庫に放火

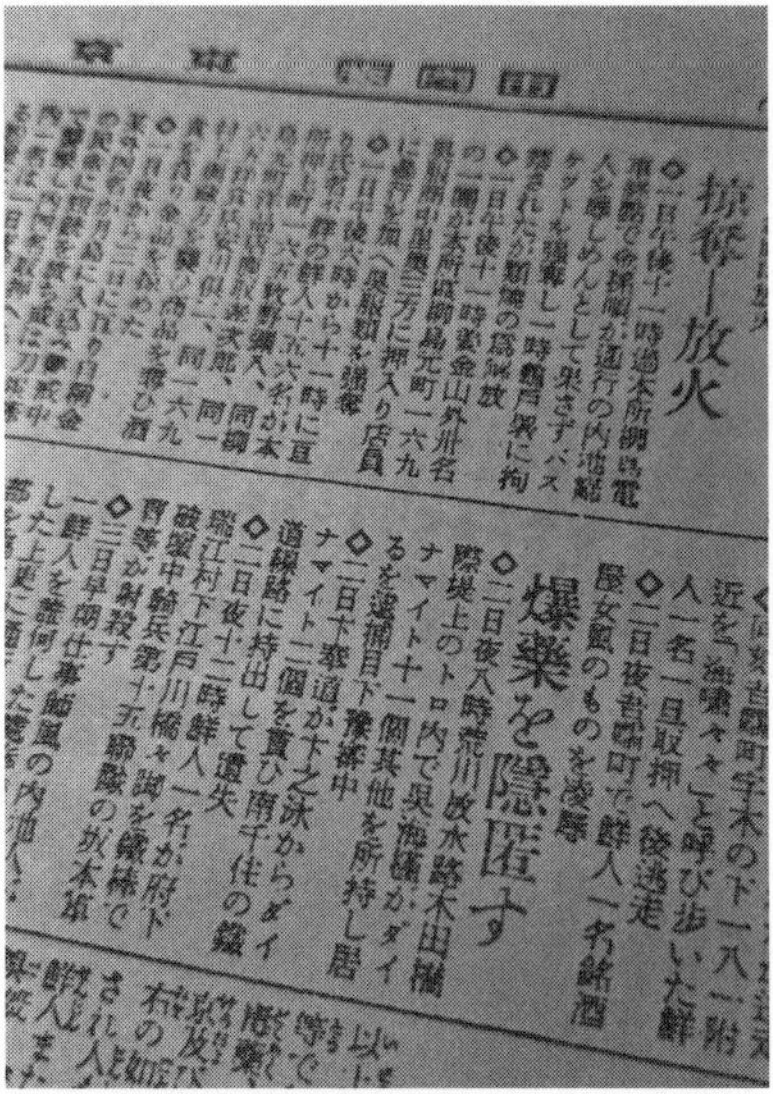
掠奪ー放火
爆薬を隠匿す

朝鮮人の犯罪が示されているとしてラムザイヤー教授が指摘した10月21日の東京日日新聞。◇を並べて司法省の発表を箇条書きで列挙している

◇一日午後十一時過ぎ、本所柳島電車終点で、金孫順が通行の内地婦人を辱めんとして果たさず、バスケットを強奪し一時亀戸署に拘禁されたが、類焼のため解放
◇一日午後十一時、姜金山ほか三十名の一団が、本所区柳島元町一六九、呉服商中里奥三方に押し入り、店員に暴行を加え呉服類を強奪
◇一日午後六時から十一時にわたり、氏名不詳の鮮人十五、六名が、本所押上町一六五、牧野弥八、同柳島元町、洋品店鹿取孝次郎、同一六五、洋食店安田倶二、同一六九村上与蔵方を襲い、商品を奪い、酒食を貪り金品を掠めた
◇二日午後二時、鮮人三名は深川富川町三五高橋勝治を兇器で傷つけ金円を強取せんとしたが抵抗されて逃走
◇二日夜十時、南葛飾郡木田町四つ木荒川放水路堤上で、鮮人四名が避難中の十六、七の娘を辱しめた上、殺害し荒川に投棄
◇二日夜十時ごろ府下小松川町新町三九六二裏を、同所榎本豊吉が夜警中、怪しき一鮮人を認めるや、鮮人は棍棒で豊吉の額を殴り逃走したのを群衆に押さえられたが、亀戸小学校で手当中逃走

こうした記述が朝鮮人による犯罪の事実だとして続いている。数えると◇は二三個あった。「爆薬を隠匿す」という小さな見出しに続けては、こんなことが記されている。

◇二日夜八時、荒川放水路木田橋際堤上のトロ内で呉海槿がダイナマイト一一個その他を所持し居るを逮捕。目下、予審中

◇二日、卞奉道が卞之泳からダイナマイト二個をもらい、南千住の鉄道線路に持ち出して遺失

◇二日夜一二時、鮮人一名が府下瑞江村下江戸川橋橋脚を鉄棒で破壊中、騎兵第一五連隊の坂本軍曹等が射殺す

◇三日朝九時、日本服を着た自称李王源が毒薬亜砒酸を携え本所菊川町付近の唯一の飲料水たる消火栓附近を彷徨中、群衆に取り押さえられ、食塩だと強弁したため、無理に嘸《の》まされて忽《たちま》ち悶死

このほかにも「自警団員の如く装った鮮人一名、避難者の隙を窺いおる中、捕えられたが逃走」とか「爆弾入りのバスケットを持った鮮人四名、通行中の青年団に押さえられた

が逃走」といったものが並ぶ。

比較的軽微と見える犯罪については確認のしようがないが、何度か紹介した後藤新平文書から判断すると、殺人、放火、投毒、強姦などは存在しなかったと考えられる。

ありもしない犯罪があったとして、それも震災から五〇日も経ってから報じられていたのだ。そのようなことはなぜ起こったのだろう。

†二段階の報道解禁

政府は一〇月二〇日に震災直後から禁じていた朝鮮人に関わる報道を解禁した。徳富蘇峰が率いた国民新聞がその経緯を報じている。

それによると、解禁は二段階で行われたようだが、いささか分かりにくい。

まず午後一時に「日本人が鮮人に間違えられて殺害されたこと、また一部不逞鮮人が日本人を殺傷した事件」が解禁され、その事実を警視庁が発表した。翌日の国民新聞には「鮮人と誤られ／多数邦人も惨死／亀戸、千住、品川等で」「支那人を誤って斬る」「朝鮮婦人も斬り付けられて瀕死」「亀戸を中心に殺害犯人の逮捕」といった記事が並んでいる。朝鮮人に間違えられて日本人が殺された事件が発表の中心だったのではと思わせる。「犯人の逮捕」は朝鮮人を殺害した日本人の逮捕を伝えるものだが、最も数が多かったはずの「朝鮮人が殺された」という犯罪はどこか後景に退いた印象である。

さらに午後二時四五分、「朝鮮人による犯罪の一部に限って」解禁し、司法当局が発表した。「一般鮮人は概して順良であると認められるが、一部不逞の輩があって幾多の犯罪を敢行し、その事実喧伝せらるるに至った結果、変災に因って人心不安の折から、恐怖と昂奮の極往々にして無辜の鮮人または内地人を不逞鮮人と誤って自衛の意を以て危害を加えた事犯を生じた」と説明されている。

かなり分かりにくい説明なのだが、載っている記事からすると、自警団など日本人の暴行を警視庁が、朝鮮人の犯罪のまとめを司法省が発表したと判断できる。ラムザイヤー教授が指摘した◇が二三個も並ぶ東京日日の記事にある「その筋」とは司法省、つまり検察当局が発表したことを示していたのだ。

†治安当局は流言と認識

それにしても不思議なのは◇で列挙された朝鮮人の犯罪とされるものである。

一一月一五日段階の司法省の調査結果を示す後藤新平文書には、朝鮮人による重大な犯罪は見当たらない。だとすると一〇月二〇日に報道発表した以降の調査や捜査で、犯罪でないと判明したのだろうか。

新聞に関係者の発言を探してみた。

すると九月八日の東京日日新聞に「鮮人の爆弾／実は林檎／呆れた流言蜚語」という記事が見つかった。


湯浅警視総監は卓上に二個のにぎり飯と福神漬けを置き、水道の水をすすって鮮人暴行の浮説を慨嘆して左の如く語る。

「この未曽有の惨状に対し罹災民の狼狽することはしかることながら、鮮人暴行の風声鶴唳《かくれい》にほとんど常軌を逸した行動に出づる者のあったことは遺憾千万である。即ちその一例をいえば、鮮人が爆裂弾をたづさえているというので捕らえて見ればリンゴであったこともありました。酢をこぼしたため主婦がこれを綿にしめし、金だらいの中に入れて置いたところ、青年団の人は放火用の石油だと誤認し、主婦がいかに弁解するも承知せず、ついに主婦は鮮人に味方するんだろうとばかりなぐり飛ばされた事実もある。その他かぞえ来たれば噴飯すべきものおおく、誠に大国民の襟度《きんど》からして見て諸外国に対してはずかしい次第である。しかもかかる浮説にまどわされて朝鮮人に暴行を加えたことは、わが治鮮上、憂うべきことたるは申すまでもない」云々。

風声鶴唳とは敗軍の兵が風の音や鳥の声にも怯えたという中国の故事に由来し、ちょっとしたことでも怖れおののく様を指す。

山田昭次さんは全国の図書館を訪ね当時の新聞を丹念に調査し、東京の検察のトップである南谷知悌検事正の次のような談話をいくつかの新聞で見つけている。

今回の大震災に際し、不逞鮮人が帝都に跋扈《ばっこ》しつつありとの風説に対し、当局に於ても相当警戒調査しているが、右は流言蜚語行われているのみである。七日夕刻までに左様な事実は絶対にない。もちろん鮮人の中には不良の徒もあるから、警察署に検束し、厳重取調べを行っているが、或いは多少の窃盗罪その他の犯罪人を出すかも知れないが、流言のような犯罪は絶対にないことと信ずる。

通信社の配信記事なのだろうが、一番早い新聞が九月九日付の紙面なので八日の発言と考えられる。

警視総監と検事正という東京の治安を担うトップ二人の発言には実に通底するものがある。震災からほぼ一週間という段階だが、捜査の結果、流言の正体が何であったかを把握したとの思いを伝えており、その内容は後藤新平文書が示す構図と一致している。つまり、流言が伝えたような朝鮮人の重大な犯罪が存在しないことを治安当局はこの段階で知っていたのだ。あったとしても窃盗に類した軽いもので、それは混乱の中で、民族を問わず起こりうる犯罪だったと治安当局は認識していたのだ。

†本格化した自警団の摘発

それでは一〇月二〇日に発表された朝鮮人の犯罪とは何だったのだろう。

手がかりがどこかにないだろうかと、その間の新聞を読み進めてみた。

すると興味深い記事がいくつも見つかった。

一〇月三日の国民新聞には「掠奪殺人／二〇〇名捕わる／自警団の検挙」との記事が見える。

自警団のりゃく《ママ》奪殺人は市郡各所に行われているので警視庁で治安い持《ママ》上すておき難く、ついに大検挙に着手し、一日夜は同庁捜査課の全員は亀戸、小松川、寺島の三方面へ出張し、徹宵して暴行事実調査を行った結果、二日朝来、寺島署は有松知能犯係長、亀戸署は中村強力犯係長、各指揮官となって部下を督励し兇行用の兇器、棍棒を押収し各主任は厳重な取調べを行っているが、少なくとも亀戸署管内で百名、寺島で一二〇名、小松川で八〇名くらい検挙される模様で、取調終了した者は一件書類と共に検事局に送致している。なお同方面の検挙が決了せば、続いて大森、品川、スガモ《ママ》、王子、渋谷、四谷、目黒方面に手をのばし徹底的の検挙を行う由

自警団の摘発が一〇月に入り本格化していたことを伝えている。

一〇月一四日の読売新聞には「某重大事件／近日発表されよう／掲載禁止されているが／我国の立場を明にする為」との記事が掲載されている。

日本全国に亘って新聞雑誌の記事掲載を絶対に禁止されていた震災後のゴタゴタ中に起こった某重大事件は、愈《いよいよ》ここ一〇日以内にその禁止が解かれる事になった。この

事件は東京を始め近県に亘って関係し、これが発表は我国としていろいろの誤解を招く患《うれ》いがあるので当局でも余程考えていたが、昨今では某県下の犯罪調べが多少残っているだけで大抵真相が判明した。聞く処によると、この事件はこの際発表した方が却《かえつ》て我国の立場を公明ならしむるものであると言う当局の意向が一致したので、かくは発表の運びにいたる模様である。

「某重大事件」とは朝鮮人虐殺のことのようだ。自警団に対する裁判が一〇月下旬に始まることになり、報道をいつまでも禁止し続けることができなくなっていた。一〇月八日には甘粕憲兵大尉による大杉栄らの虐殺事件の報道が解禁された。

2 市民の反応

†憲法学者上杉慎吉の批判

一〇月一四日の国民新聞には、「警察官憲の明答を求む」という記事が掲載されている。天皇主権説の憲法学者として知られた東京帝大の上杉慎吉教授による疑問の提起である。

私は数百万市民の疑問を代表して、簡明に左記の五箇条を挙げて、警察官憲の責任に関して明答を得たいと思う。

一、九月二日から三日にわたり、震災地一帯に〇〇襲来、放火、暴行の訛伝、謡言が伝播し、人心極度の不安に陥り、関東全体を挙げて動乱の情況を呈するに至ったのは、主として警察官憲が自動車、ポスター、口達者の主張による大袈裟なる宣伝によれることとは、市民を挙げて目撃体験せる疑うるべからざる事実である。しかるに、その後、右は全然事実にあらずして虚報であったということは、官憲の極力言明して打ち消しておる所である。しからば、警察官憲が無根の流言蜚語を流布して民心を騒がせ、震火災の惨禍を一層大ならしめたるに対して責任を負わなければなるまい。

二、当時、警察官憲は人民に向けて〇〇〇の検挙に積極的に助力すべく自衛自警すべきことを極力勧誘し、武器の携帯を認容したのであった。しかして手に余らば殺しても差支なきものと、一般をして何となく信ぜしめたのである。しかしてこれを信じて殴打撲殺を行った者は至る処に少なからぬのである。これらの自警団その他の暴行者はもとより検挙処罰すべきこと当然であるが、さてこれに対する官憲の責任はいかに。

三、仮に警察官憲がこれを勧誘教唆したのでないとしても、彼の場合にあれだけの大騒擾大暴行を起こして、これを予防も鎮圧も出来なかったという、職務を尽さざりしの責任はどうする。

四、当時、警察官憲は各種の人民を見界なく検挙し殴打した。ついにこれを段戮し、その死体は焼棄てたということは亀戸事件にも見えておる。この警察官憲の暴行には軍隊も協同したということであるが、警察官憲は無責任というわけにはいくまい。

五、憲兵が大杉を殺した事件には警察官憲の諒解、承認、または依頼、勧誘があったものと疑われている。すでに疑いがあれば、憲兵方面では甘粕大尉が軍法会議に移されたというだけで、大杉と野枝と子供と三人を殺したという事実は、まだ疑わしいのに、断然司令官までが責を引きたるが如く、警察や政府の方面でも、即時罷免その他責任を明にする処置は執らねばならぬであろう。詳しく論ずれば論じたきこと多くあるが、明瞭を期するため、右の五点の要領を述べる。これを述べる所以《ゆえん》は、これだ

けの裏が明にならぬというと、数百万市民の胸が治まらぬからである。（談）

伏せ字になっている○○は鮮人、○○○○は不逞鮮人なのだろう。

こうした記事が伝えているのは、朝鮮人虐殺を法的にどのように処理するかが社会問題になっていたことである。朝鮮人の虐殺は公然の空間で行われ、多くの人が目撃していたのだから、法治国家である以上、全くなかったことにはできなかった。軍や警察が関わっていたことも多くの人が目撃していたが、自警団が悪かったとしてすべての責任を押しつけようとの動きが露わになっていた。それに対して自警団はもとより市民の間でも疑問の思いが強まっていたことを上杉の発言は示している。自警団は警察に協力したり、指示に従ったりしたのに、罪に問われようとしている。大杉栄虐殺事件では陸軍の戒厳司令官が責任を問われ更迭されたのに、警察はだれも責任をとらない。市民感情として納得できるものではない。当時最も影響力のあった法学者の発言である。

†社説に見える新聞の苦渋

一〇月二〇日の読売新聞は「重大事件が／今日発表される／一方淀橋事件は近く／起訴

不起訴が決定する」と報じている。

数日来、不眠不休の活動を続けていた東京地方裁判所検事局は、昨十九日になって俄然色めきわたり、鈴木検事総長は午前十時、林刑事局長、南谷検事正、小山検事を自室に招き約二時間に亘って密議を凝らし、さらに代々木の陸軍刑務所に出張していた岩松検事は司法省古田参事官と共に内務省警保局に至り、岡田局長、陸軍省松本法務官等と夕刻に至るまで熟議を重ねた。

一方警視庁の正力官房主事は午後、検事局に塩野次席検事を訪い約一時間に亘って協議する処があった。右は大震災以来、禁止になっていた某重大事件の解禁に関するもので、三項から成るこの事件中、その中の一項は目下捜査中のものもあり、事重大に属するので慎重審議を重ねる筈で、結局は永久に発表されるものではあるまいといわれる。

残りの二項は今二十日午後解禁される筈であるが、それも一部分に過ぎず、今記す自由を有しない。さらに甘粕事件に絡る淀橋署事件は岩松、帯金両検事の手で連日某処で取調べ中であるから、ここ一両日中には、起訴不起訴決定になる筈である。

記者が張り付いて取材していたのだろうと思わせる。社会の関心がそれだけ高かったことを示しているのだろう。「永久に発表されるものではあるまい」とあるのは朝鮮人虐殺のうち軍が直接に関わったとされる事案を指すのだろう。確かにその通りになった。

一〇月二〇日の報道解禁を受け、翌二一日の読売新聞は「発表したのは／捜索に害のない程度のもの／全部は機を見て」の見出しで司法省の林刑事局長の談話を次のように報じている。

> 未だ捜査中に属するものが多く全部を語る事は出来ない。従って捜査上害にならぬ程度のものを語るにしたに過ぎず、全部の発表は機を見てする事になるだろう。この際一言したいのは、司法省の談以外の事は不確実な事で、もしこれこの外の事を公表すれば法によって厳重に処罰される事である。今日まで往々誇大に報告したり流言を放ったりした事を耳にしたが、今後は絶対にこんな事のないように注意されたい

「法」とは「治安維持令」を指したようで、発表以外に勝手なことを書けば許さないとの

新聞に対する強い牽制である。そして、全部が語られることは、その後もないまま今日に至っている。

　同じ日の紙面には「震災の混乱に乗じ／鮮人の行った兇暴／掠奪—放火—兇器—爆弾毒薬携帯／中には婦人陵辱もある／但し一般鮮人は順良—司法当局談」との記事も載っている。

> 　震災の混乱、人心恟々《きょうきょう》たる隙に乗じて行った不平鮮人の悪事は、誇大に報ぜられ人はその真相を知るに苦しんでいた。しかも当局が新聞記事を差止めた為、当時記載する事ができなかったが、事件は二十日ようやく報導《ママ》の自由を得た。これについて司法当局は、今度の変災に際し、鮮人中不法行為をしたものありと盛んに宣伝されたが、今その筋の調査した所に依れば、一般鮮人は概して順良であったと認め得るが、一部不平の徒があって幾多の犯罪を敢行したのは事実であると語った。

「正力官房主事曰く」として警視庁の言い分も載っている。

警視庁としては当時最善の努力を尽くしたが、各自が自警団を組織し武器など持出して警戒した。そして根拠もない風説を信じてこうした事件が続発したことは遺憾この上もない。警察で扇動したなどいうのは全然嘘である。

読売新聞が「鮮人暴動事件」と題した長行の社説を掲げたのは一〇月二二日の紙面である。

未曽有の大震火災の上に、さらにもう一つの大恐怖と恐慌を与えたところの、セン人暴動事件の真相が、漸く昨日をもって報道の禁を解かれた。当時諸方面の当局は、さきには多少の事実が有ると断言しながら、後では万口一せいに、さる事実は断じてないと断言した。然るに突然にこの発布を見たのは何故か。

或は国際関係の思惑が、当局をしてこの発表の已むを得ざらしめた理由ではあらんか。なれども、それならばまた始めから、事実が絶対に無いなどと断言せずとも、何とか別の言いようもあったであろう、どんな都合がたとえ有ったにせよ。国民がその事を中心として疑惧の渦に陥るのみならず、その疑惧が、事実における惨状を広げつつある当時にあって、局に当たる者が意識して、真を偽であると公表した事は、決して国民をして当局に信頼させる所以ではないのみか、将来において、ますますその不信用を高める役目を働くことになる。当局は何と弁明するか。

朝鮮人の重大な犯罪はないとあれほど言っていたではないか。それが発表したら突然、あったことになっている。こんなことでは政府を信用できないとかなり厳しい口調で批判している。

さらにこう論じている。

発表したのは当然の事である。それは決して、邦人の鮮人殺戮があまりに多数であったために、鮮人の罪悪を、どうにしても相互的に発表せねばならぬという体面上の問題からであってはならぬ。(中略) ただ公表によれば兇暴を働いた鮮人の多くが、十の八まで氏名不詳であり、また逃亡して審議の手段を持たないように見えるのが残念である。

おそらくこれが正直な受け止めだったのだろう。「あってはならぬ」とはいいながら、そうであることを多くの国民は知っていたのだろう。朝鮮人の犯罪があったというが、発表を見ても事実が具体的に明らかになったものなどほとんどないと指摘している。

そのうえで、日本人による虐殺と、政府が発表した朝鮮人の犯罪とは全く比べものにならないとして、こう説いている。

わが国のセン人殺傷は、セン人の犯跡に比べては、あまりに大仕掛に、執念深く行われた。これを敢えてするこの凄惨な残忍性は、果して日本国民に深く潜んでいる本質的なものであろうか。日本が戦争に強いのは果してこの残忍性を持つためであろうか。一体自警団とは平和の市民の集合であるはずだ。この人々にすらも、かかる過分の残忍性が、かかる場合にかく猛烈に発動するとすれば、これは国民性教育の将来にとって、大いに考うべき問題である。

それにつけても甘粕事件や亀戸事件や、また二三年来暴力統治を陰に奨励讃美する社会的傾向が近来ますます有力になりつつあるのは、民衆を讃美してかかる残忍性を生長させるに最も力強い暗示を与えつつあるもので、国際的もしくは文化日本の将来を想うものにとって断じて祝福すべき予徴とはいい得ない。

政府の説明に説得力は乏しかった。かといってそれを新聞が全面的に無視や否定することも不可能だった。目撃し、取材してきた実態と政府の発表の間で、どう折り合いをつけるのかに新聞が苦心した痕跡のようにこの社説は思えてならない。

黒龍会による「自衛」という主張

この間に積極的な活動を展開した団体があった。強い国家主義で知られた黒龍会で、自らの歩みをまとめた『黒龍会三十年事歴』（一九三一年）に次のように記している。

> 震災直後に於ける社会主義者及び鮮人の兇行猛烈なるものあるに拘《かかわ》らず、当局者は曲庇掩蔽《えんぺい》を事とし、却《かえ》って日本人の品性を疑わしめ国際上容易ならざる瑕瑾《かきん》を遺す憂《うれい》を来したるにより、本会は食糧救護事業の終ると同時に、多数の会員を震災各地に派遣し慎重なる調査を為さしめたる結果「震災善後の経綸に就て、社会主義者不逞鮮人の兇行一班」と題する長文の報告書を印刷し、これを朝野の識者間に頒《わか》ち、当局の反

省を促したり。蓋《けだ》し十月中旬、政府が震災時に於ける鮮人兇行の一部を発表するに至りたるは、この報告に余儀なくせられたるによるものとす。

朝鮮人の凶暴な犯罪はあったのに、政府がそれを隠そうとしている。そんなことをしていたら意味もなく朝鮮人を殺したことになり日本人の品性が疑われてしまう。そこで働きかけてきた。朝鮮人の犯罪があったという一〇月二〇日の発表は、そうした活動の成果だったと主張しているのだ。

日本人の品性が疑われるとはどのようなことなのか。黒龍会は何を懸念していたのか。「震災善後の経綸に就て」を読んでみよう。黒龍会を率いた主幹の内田良平が書いたものである。

黒龍会が運動を起こした理由をこう説明している。

社会主義者及び不逞鮮人の徒が震災の機会に乗じて或は爆弾を投じ或は毒薬を飲料水に入れ、或は放火を敢てし、或は暴行を無辜の邦人に加え、或は掠奪を縦《ほしいまま》にした事は掩《おお》うべからざる事実である。しかもその確証は政府に於て挙げ得ぬ筈が無いのにも拘《かかわ》らず、政府当局者が之を掩蔽《えんぺい》しつつあるは果たして何事である。彼の湯浅警視総監が「この未曽有の惨状に対し罹災民の狼狽することは然ることながら、事実の拠る所なき鮮人暴行の風声鶴唳《かくれい》に驚き殆ど常軌を逸した行動に出ずるもののあったことは、遺憾千万である」と云って鮮人の暴行を否認し、一歩を進めて「浮説に惑わされて暴行を鮮人に加えたことは我が朝鮮統治上憂うべきことは申すまでも無い」と云い、また山本首相が「多数罹災民は概ね危急を冒し艱苦に耐え沈着の態度を失わざりしも、この間、多少の常軌を逸したるものあるを免れず」と云って居るのは、これ我が国民が不逞鮮人の暴行に対して自警団を組織し、自衛的手段に出で、時に或は鮮人を殴殺したことある事実を指摘したものの如くなれども、吾人はこの言に対し草草看過する能わざるものである。

何に黒龍会は不満なのかを次のように説明している。

抑《そもそ》も我が国民が自警団を組織した所以《ゆえん》のものは不逞鮮人が震災の機会に乗じて爆弾を投じ、放火を事とし、その他種々の暴行を我が罹災民に加え残虐なる行動を逞《たくまし》うしたのを目撃し、これを放任し去ることが出来ぬからである。しかも警察官の如きは公安保護の能力を欠き大道に疾駆して「鮮人の暴行に対してはこれを殴殺するも、またやむを得ぬ」と声言し廻り、或はこれを告示にまで出したことは全市に公然たる事実である。もし警察官にして鮮人の暴行を制し、公安保護の任務を竭《つく》すことが出来たならば、国民は何を苦んでか自警団を組織し警察官に代って鮮人防禦の挙に出でんや、畢竟《ひっきょう》我が国民が自ら進んで自警団を組織するに至った所以のものは警察の無能力より生じた結果に外ならぬのである。故に今回の如き危急の場合に際し、警視総監の所謂《いわゆ》る鮮人暴行の風声鶴唳に驚き殆どその常軌を逸した行動に出でたものは我が国民にあらずして、寧《むし》ろ警察官である。然るに戒厳令が実施せられ、輦轂《れんこく》の下《もと》が軍隊に由りて漸次秩序と安寧とが回復せらるるや、当局者が恰《あたか》も掌を反すが如く社会主義者や鮮人の暴行事実を掩蔽し我が国民を評するに、常軌を逸したものの如く声明するに至ったのは、吾人その理由を知るに苦しまざるを得ぬのである。

警察が機能しないから自警団がその代わりをしたのだという主張である。輦轂の下とは「天子のおひざもと」といった意味のようである。

そのうえで次のように主張するのである。

我が国民が自衛の為に不逞鮮人及び兇行支那人を殴殺したのも事実である。警察官及び軍隊が不逞鮮人を殴殺したのも事実である。この事実は十指の指す所、十目の視る所、啻《ただ》に我が国民の認むる所なるのみならず、一部の外国人も業《すで》にこの事実を認めて居る。米国人中にもまたこの事実を目撃したものも少なくないのである。而して政府の当局者は独りこの明々白々掩《おお》うべからざる事実を否認して居るけれども、彼の宣伝運動に巧妙なる赤化鮮人が鮮人虐殺を辞柄《じへい》としてこれを世界に宣伝し、これを世界に愬《うった》ふるに至るべきは必然の勢である。

自衛のために、朝鮮人や中国人を殺したことは誰もが知っている。外国人も見ていた。ところが政府は態度がはっきりしない。このままでは朝鮮人の宣伝に使われてしまうと懸念するのだ。辞柄とは口実という意味である。

さらに朝鮮人はなぜそのような犯罪に及んだのかとまで論を進めている。

露西亜が日本の赤化運動に志し日本の社会主義者及び鮮人等を煽動し、及び日本の社会主義者等がこれに共鳴して常に妄動を志しつつありたること、及び朝鮮の高麗共産党等が絶えず金品の供給を得てこれに操縦せられつつありしは事実にして、また社会主義者と不平鮮人とは暗々裏にその声息連絡を通じ居たるも事実なり。

朝鮮人を殺したのは確かだが、朝鮮人の悪質な犯罪は実際にあったのであり、しかもそれは日本の国体を否定する国賊ともいうべき社会主義者の影響を受けたものだったのだ。そのために自警団は仕方なく起ち上がったのだ、と主張するものである。悪いことはしていないという立場で一貫し、実に断定的である。

誰がどこまでの責任を負うのかをめぐり、激しいせめぎ合いが続いていた。

そうした状況で迎えたのが一〇月二〇日の報道解禁だったという状況が浮かび上がってきた。

3　政府の圧力で生まれた虚報

†一〇月二〇日の号外

一〇月二〇日の大阪朝日新聞は、当時の事情をとても分かりやすく示している。朝鮮人の犯罪と日本人による朝鮮人虐殺が同時に報じられていて、どちらを信じていいのか分からないとラムザイヤー教授が指摘した紙面である。

Ａ４判ほどの大きさの号外で二つの記事が並んでいる。

冒頭に示された記事（朝日一九二三ｄ）には「震災に乗じ猛火の中で／殺人掠奪等戦慄すべき／行動を取った不逞鮮人の群」という見出しがあり、次のように報じている。

（九月八日、一九日記事差止、一〇月二〇日午後解禁）

東京本所江東方面に於ける朝鮮人の暴行は、去る九月一日の震災当時に於て、本所

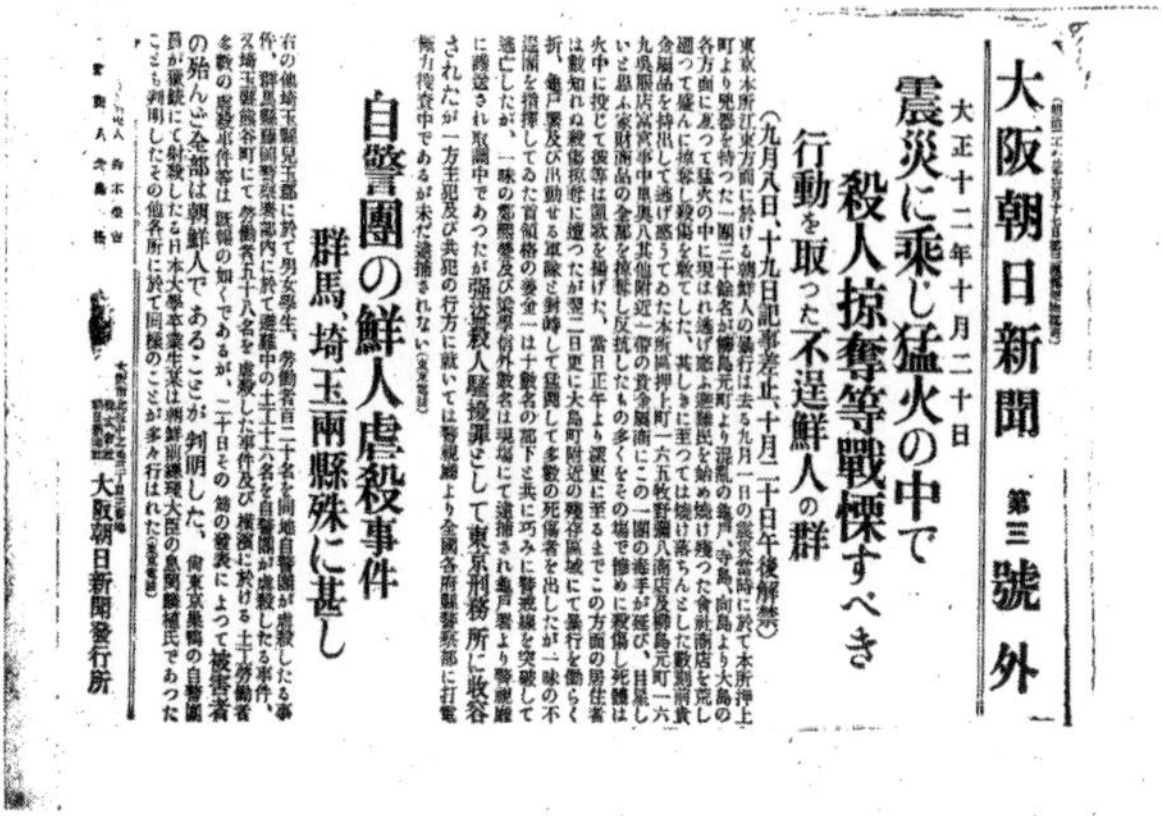

大阪朝日新聞　第三號外

大正十二年十月二十日

震災に乗じ猛火の中で殺人掠奪等戰慄すべき行動を取った不逞鮮人の群

（九月八日、十九日記事差止、十月二十日午後解禁）

東京本所江東方面に於ける朝鮮人の暴行は去る九月一日の震災當時に於て本所押上町より兇器を持つた一團三十餘名が柳島元町より混亂の龜戸、寺島、向島より大島の各方面に亘つて猛火の中に現はれ逃げ惑ふ避難民を始め燒け殘つた會社商店を荒し廻つて盛んに掠奪し殺傷を敢てした、甚しきに至つては燒け落ちんとした數刻前貴金屬品を持出して逃げ惑うてゐた本所區押上町一六五牧野彌八商店及柳島元町一六九呉服店富宮事中里奥八其他附近一帶の貴金屬商にこの一團の毒手が延び、目星しいと思ふ家財商品の全部を掠奪し反抗したもの多くをその場で慘めに殺傷し死體は火中に投じて彼等は凱歌を揚げた、當日正午より深更に至るまでこの方面の居住者は數知れぬ殺傷掠奪に遭つたが翌二日更に大島町附近の殘存區域にて暴行を働らく折、龜戸署及び出動せる軍隊と對峙して猛鬪して多數の死傷者を出したが一味の不逞團を指揮してゐた首領格の李金一は十數名の部下と共に巧みに警戒線を突破して逃亡したが、一味の鄭熙燮及び梁學俊外數名は現場にて逮捕され龜戸署より警視廳に護送され取調中であつたが強盗殺人騷擾罪として東京刑務所に收容されたが一方主犯及び共犯の行方に就いては警視廳より全國各府縣警察部に打電極力捜査中であるが未だ逮捕されない（東京電話）

自警團の鮮人虐殺事件　群馬、埼玉兩縣殊に甚し

右の他埼玉縣兒玉郡に於て男女學生、勞働者百二十名を同地自警團が虐殺したる事件、群馬縣藤岡警察署構内に於て避難中の土工十六名を自警團が虐殺したる事件、又埼玉縣熊谷町にて勞働者五十八名を虐殺した事件及び横濱に於ける土工勞働者多數の虐殺事件等は既報の如くであるが、二十日その筋の發表によつて被害者の殆んど全部は朝鮮人であることが判明した、尚東京巣鴨の自警團員が獵銃にて射殺したる日本大學本業生某は朝鮮總督大臣の息關繁補氏であつたことも判明したその他各所に於て同樣のことが多々行はれた（東京電話）

大阪朝日新聞發行所

報道が解禁された10月20日の大阪朝日の号外。朝鮮人による犯罪と、朝鮮人が虐殺された記事が並んでいる

押上町より兇器を持った一団三十余名が柳島元町より混乱の亀戸、寺島、向島より大島の各方面に亘って猛火の中に現れ、逃げ惑う避難民を始め、焼け残った会社、商店を荒らし廻って盛んに掠奪し殺傷を敢えてした。甚だしきに至っては焼け落ちんとした数刻前、貴金属品を持ち出して逃げ惑うていた本所区押上町一六五、牧野弥八商店、及び柳島元町一六九、呉服店富宮事中里奥八その他付近一帯の貴金属商にこの一団の毒手が延び、目星しいと思う家財商品の全部を掠奪し、反抗したものの多くをその場で惨めに殺傷し、死体は火中に投じて彼等は凱歌を揚げた。

当日正午より深更に至るまで、この方面の居住者は数知れぬ殺傷、掠奪に遭ったが、翌二日さらに大島町附近の残存区域にて暴行を働く折、亀戸署及び出動せる軍隊と対峙して猛闘して多数の死傷者を出したが、一味の不逞団を指揮していた首領格の姜金一は十数名の部下と共に巧みに警戒線を突破して逃亡したが、一味の鄭熙瑩および梁学信ほか数名は現場にて逮捕され、亀戸署より警視庁に護送され取調中であったが、強盗殺人騒擾罪として東京刑務所に収容されたが、一方主犯および共犯の行方については警視庁より全国各府県警察部に打電、極力捜査中であるが、未だ逮捕されない（東京電話）

その脇に置かれたもう一つの記事（朝日一九二三a）には「自警団の鮮人虐殺事件／群馬、埼玉両県殊に甚し」の見出しがある。以下のように伝えるものである。

右のほか埼玉県児玉郡に於て男女学生、労働者百二十名を同地自警団が虐殺したる事件、群馬県藤岡警察署部内に於て避難中の土工十六名を自警団が虐殺したる事件、また埼玉県熊谷町にて労働者五十八名を虐殺した事件、及び横浜に於ける土工労働者多数の虐殺事件等は既報の如くであるが、二十日その筋の発表によって被害者の殆ど全部は朝鮮人であることが判明した。なお東京巣鴨の自警団員が猟銃にて射殺したる日本大学卒業生某は、朝鮮前総理大臣の息、閔麟植氏であったことも判明した。その他各所に於て同様のことが多々行われた。(東京電話)

朝鮮人によるとされる犯行と、朝鮮人が犠牲になった犯行が並んでいる。この号外を目にしたら、どのような印象を持つだろう。

「なかったようだとされてきた朝鮮人の犯行だが、やはりあったのか。流言はすべてが嘘ではなかったのだ」と受け止めるのではないだろうか。

そして「自警団による虐殺はあったようだが、どうやらそれは仕方のない事情があったようだ」とも。

トップの記事は、後藤新平文書などから判断すると、どこまでが事実であったのか極めて疑わしい内容である。この日の司法省の発表によって事実が確認されたと判断して報道に踏み切ったのだろうが、この記事がなくて、もう一方の自警団による虐殺を伝える記事だけであったならば、報道解禁がもたらす印象は相当に違うものになっただろう。ちなみにこの記事で「朝鮮人と判明した」と記されているのは、「朝鮮人」と書くことが禁じられていたために、「労働者」「土工」などの用語を使ってそれまで報じていたためだ。

ラムザイヤー教授は一〇月二一日の読売新聞の記事（読売一九二三）も紹介している。

「一夜に八十余名／神奈川で殺さる／鶴見では警察を襲い／三十三名に負傷さす」という見出しで、次のように報じるものだ。


横浜市内の残虐は別項の通りだが、さらに子安の自警団員の多くは日本刀を帯びて自動車を走らせ「〇〇〇〇〇〇〇〇〇〇」と触れ廻った。生麦までこれが伝わり、二日から四日までに五十余の鮮人は死体となって鉄道線路に遺棄された。これを手はじめに、或いは火中に投ぜられ、海に投げ込まれたものも多数で、神奈川の某会社の〇〇〇八十余名は無残一夜で全滅した。鶴見町潮田方面でも町民が武装して二日午前七時頃、鶴見警察署に押し寄せ、署内に保護中の鮮人三百二十六名、支那人七十名、合計三百九十六名を奪わんとし、支那人は無事であったが、鮮人三十三名は負傷者となった。

川崎町では田島町には三百七十名、大師町には四十二名、ほかに二十五名、合計四百三十七名の鮮人がいたが、川崎警察の大田部長が身をもって保護したので、僅かに田島町、小田、塩浜、川崎駅に各一個ずつの鮮人死体を発見しただけであったが、三日、富士ガス紡績川崎工場の跡片付けに雇われた人夫中、鮮人のあるのを知り町民は警察の眼を忍んで二名を殺した。その時、日本人人夫寺田与四郎（三二）も鮮人と誤られて殺された。

解禁されたといっても、何でも自由に報道できたわけでないことは記事中の伏せ字がよく物語っている。神奈川県は朝鮮人の迫害が最も早く始まり、最も激しかったとされており、この記事は読売新聞が各地で取材した情報をまとめて報じたものと考えられる。だが、朝鮮人を殺したとして罪に問われたのが知られるのは神奈川全県で二人だけである。この記事に関わった事件で少なくとも殺人の罪を追及された人はいなかったはずだ。「罪に問われない＝犯罪はなかった」と考えるならば、この記事も誤報だったことになる。

新聞が独自に取材したこうした「朝鮮人に対する暴行」の記事はこの後、めっきり数を減らす。理由は先にも示した司法省刑事局長の談話が示している。

この際一言したいのは、司法省の談以外の事は不確実な事で、もしこれこの外の事を公表すれば法によって厳重に処罰される事である。

政府が発表した以外のことは勝手に報道するなという強い圧力であった。一〇月二五日の報知新聞に興味深い告知が載っている。「『その筋の非行』を発《あば》いて／本紙の発売禁止」の見出しで、次のように伝えるものだ。

二五日本紙朝刊第二版以下は神奈川県における警官の非行を摘発したる故を以て、全部その筋に差押えられました。ただちに改版配達しましたが、これが為め全国の読者諸君に御迷惑をかけた事をおわび致します。近時、内務当局の新聞紙に対する態度は横暴といわんより寧《むし》ろ狂暴に近く、苟《いやしく》も内務関係の官吏の非違に関する事項を掲載すれば、かの野蛮極まる新聞紙法を適用し、一日のうち同業各紙中のいずれかは必ず禁止の厄に遭う有様であります。言論の自由も憲法上の保障も小官吏共を曲庇する為め蹂躙し尽くされている有様です。いつ迄もこの状態でもあるまいと思いますから、我々は近く、いわゆるその筋なる者の非行蛮行をテキ《マ》ケ《マ》ツし真の秩序と法律とを救える機会のある事を信じます。

テキケツとは剔抉、つまりえぐり出すとの意味である。だが、その思いが実現することはなく、その後の自警団による虐殺をめぐる報道は、起訴された「悪自警団」の裁判を追うといったものが主体となってゆく。

†外交問題に発展

虐殺された中にはかなりの数の中国人も含まれていた。朝鮮人は国を失っていたが、中国人には中華民国があり、外交問題に発展しつつあった。欧米諸国からは厳しい視線が注がれていた。植民地朝鮮での民心への影響も心配されていた。軍や警察の関与が明らかになるのは好ましくないと判断したようで、政府はすべての責任を自警団に押しつけて済ませようとしたが、上杉慎吉教授の発言や黒龍会の活動が示すように反発が強まり、あまりに重い罪を負わせるわけにはいかなくなっていた。

かといって朝鮮人虐殺は大勢の人が見ている公然の空間で行われたのだから、全くないことにはできなかった。日本人による朝鮮人虐殺を正当化、相対化するためには、「流言が伝えた朝鮮人の犯罪は実在した」ことにせざるをえなくなったと考えることができる。矛盾の辻褄を多少なりとも合わせるために、政府はなかったことをあったことにして、あったことをなかったことにしたのだ。

報道が解禁された一〇月二〇日、政府は嘘の発表をしたのだ。権力が意図して流布したフェイクニュースといっていいだろう。

震災直後の「流言を報じた誤報」とは異なる混乱が、「政府の発表を報じた誤報」がこうして膨大に生まれたのだ。

自警団の摘発や朝鮮人の被害を報じるなどを通して新聞は震災直後の誤報の修正を図っていた。ところが、報道解禁と同時に行われた政府の発表によって、それまでに報じたどこまでが事実であったのかさえ判然としない状況に陥った。独自の情報を持たない被災地から離れた地方の新聞にとっては対応しようのない事態であっただろう。しかも勝手なことを書けば処罰するという姿勢まで政府は示した。

そうしたフェイクニュースは政府の狙い通りの効果を発揮した。悪事を働いた朝鮮人はいたのだ。殺されても仕方のない朝鮮人はいたのだ。そんな印象を人々に与えるには十分な効果があったのだ。

†朴烈事件の不思議な号外

　この間の新聞を調べていて、とても不思議な号外を見つけた。

　朴烈らの大逆事件を伝えるものだ。大阪朝日新聞の発行したものでA3ほどのサイズで表裏二ページの作りで、題字の下には「記事差止中　本日解禁」の文字がある。「震災中の混乱に乗じ／帝都で大官の暗殺を企てた／不逞鮮人の秘密結社大検挙」という見出しで、一一月に予定されている皇太子の結婚に合わせて爆弾テロを計画していた一味を逮捕したと報じている。「首魁朴烈」の写真は三段もあり、その妻金子文子の写真も二段の大きさ。「隠匿せる爆弾を発見して分析中」「張本人朴烈と大杉栄の関係」「事件発覚の端緒」といった関連原稿も載っている。

　この事件にはでっち上げの指摘があることはラムザイヤー教授も言及していたが、この号外には新聞としてどうも不自然な点がある。

　まず題字の下に日付があるのだが「大正十二年十月二十〓日」と「〓《げた》」字が入っているのだ。仮置きの空白として使うもので、取り除くか他の活字に差し替えなくてはいけなかったのだが、それをすることなく印刷してしまった。「紙面事故」として扱われるレベルのミスなのだが、よほど慌ただしい作業だったのだろうと思わせるものがある。

『朝鮮人虐殺関連新聞報道史料』は一〇月二〇日の発行としている。ところが朝日新聞の紙面データベースでは一〇月二六日の発行となっている。おそらく後者なのではとの思いがするのだが、類似する号外や記事が他の新聞に見当たらないので判断のしようがない。

それよりも不思議なのは、裏面の最後にある告知だ。

「この号外は本紙に再録せず」と伝えているのだ。

どういう意味なのか理解できずに、その周辺の朝刊や夕刊をめくってみたが、朴烈事件の報道はどこにも見当たらない。「記事差止め一部解禁さる」として朝日新聞に登場するのは、ほぼ一カ月後の一一月二四日の夕刊である。

朴烈らが逮捕されたのは震災の混乱の中、九月三日のことだった。「某重大事件」「鮮人を中心とする大陰謀事件」などとして一〇月一五日前後から各紙一斉に報道を始めるが、その内容は相当に詳細であり、捜査当局からの情報提供がなければとても書けない内容だ。素直に考えれば、一〇月二〇日の報道解禁に備えた印象操作だったのだろうと思わざるをえない。

陰謀とされる内容は驚天動地のことであり、「不逞な朝鮮人が」「そんな悪事までを」と

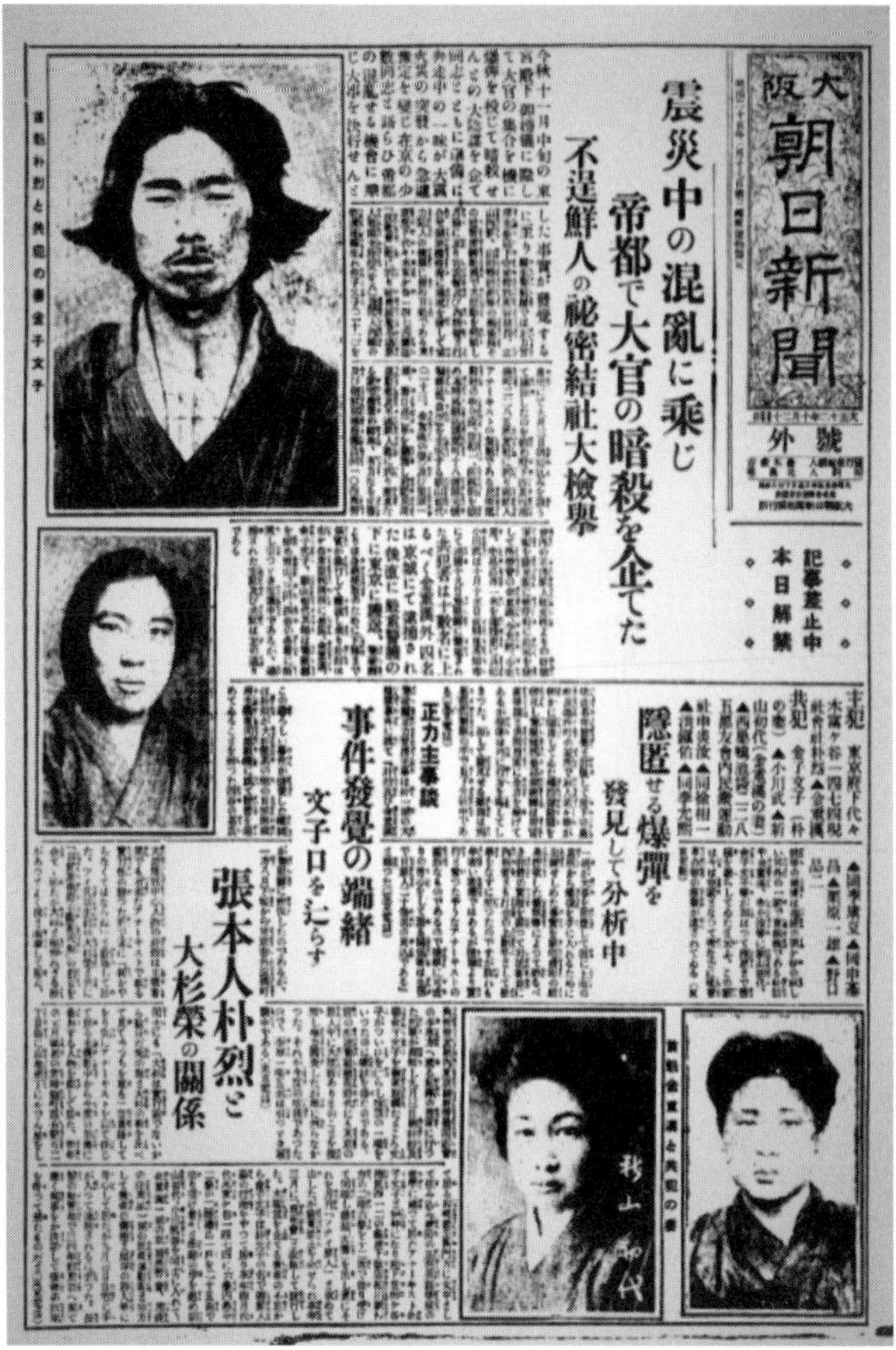

大阪
朝日新聞
号外

記事差止中
本日解禁

震災中の混乱に乗じ
帝都で大官の暗殺を企てた
不逞鮮人の秘密結社大検挙

隠匿せる爆弾を
発見して分析中

事件発覚の端緒
文子口を辷らす

正力主事談

張本人朴烈と
大杉栄の関係

大阪朝日が発行した「朴烈大逆事件」の号外。とても不可思議な存在だいう強い印象を与えたことだろう。大阪朝日の号外はそうしたメディア対策の最終手段として使われたのではと思わせるものがある。

この間の政府による情報操作がいかに効果的であったかは、一〇〇年を経た今日、外国語の論文にまで用いられていることが何よりも雄弁に物語っている。

考え出した当時の官僚たちにとって、ラムザイヤー教授の論文は、以て瞑すべしということなのだろう。

†九州日報の報道

その後も、「朝鮮人による暴行は存在した」というキャンペーンを展開した新聞があった。「黒龍会」の影響下にあった九州日報である。

報道が解禁された翌一〇月二一日の九州日報には、黒龍会の内田良平の論説が載っている。

「○○○の暴行は事実である。一部支那人が鮮人の使嗾《しそう》に応じて放火暴行を敢えてしたのも事実である。我が国民が自衛の為に○○○及び兇行○○○を殴殺したのも事実である。警察官及び軍隊が○○○を殴殺したのも事実である」としたうえで、それらをすべて公表すれば国際的にも日本人が批判されることはないと主張。そのうえで「もしそれ政府当局者にして今回〇〇の敢行したる悪虐の事実を明らかにし、これを中外に発表するに於ては、欧米人は人道上より一部〇〇及び〇〇〇の所行を憎んで我が行為のやむべからざる所以を諒とすべく、〇〇並びに〇〇〇も雖素これ孔孟仁義の教えを遵奉するの国民であるが由に、その識者に至りては大義の上より却って我に同感を感ずるに至るべきは吾人の信じて疑わざる所である」とする。

伏せ字の〇は二つが「鮮人」、三つが「支那人」、四つは「不逞鮮人」と考えることができる。

そのうえで、九州日報は翌二二日から「帝都を騒した暴虐なる兇行／主義者と一部不逞鮮人／黒龍会の調査事項」と題した連載を一三回にわたり掲載している。先に示した「震災善後の経綸に就て」を分割し抜粋したもので、朝鮮人による凶暴な犯行がいかに数多くあったのかを力説するものだ。東京、横浜のほか大阪や北海道の事例も報告されている。だが、その内容は流言や風聞を文字にしたという域のものがほとんどで、九月二日は厄日の二百十日で、それを前に各地で行方の分からない朝鮮人が増えていたといったものが目につく。

このような主張がどこまで人々に浸透したのかは判断のしようがないが、政府の発表と合わせ、「朝鮮人の暴行はあった」という心証を人々に抱かせるには十分であっただろうと思わせる。

†関東自警同盟による自警団擁護

さらに一〇月になると関東自警同盟が活動を始める。自警団を擁護する立場の人たちの組織で、一〇月二二日の東京日日新聞の夕刊は、政府の対応に不満だとして三項目の詰問状を突きつけたと報じている。

一、流言の出所につき当局がその責を負わずこれを民衆に転嫁せんとする理由如何《いかに》

二、当局が目のあたり自警団の暴行を放任し後日に至りその罪を問わんとする理由如何

三、自警団の罪悪のみ独りこれを天下にあばき幾多警官の暴行はこれを秘せんとする理由如何

その上で次の三項目を要求した。

一、過失により犯したる自警団の傷害罪は悉《ことごと》くこれを免ずること
二、過失により犯したる自警団の殺人罪は悉く異例の恩典に浴せしめて裁決すること
三、自警団員中の功労者を表彰し特に警備のため生命を失いたる者の遺族に対しては適当に慰籍の方法をとること

後藤新平文書によれば、一一月一五日の段階で、三六七名が朝鮮人を殺傷したとして起訴されていた。九月二日から六日までに発生した五三件の事件で合わせて朝鮮人二三三人を殺害し、四二名を負傷させた罪に問われていた。判決では、殺したのが朝鮮人の場合はかなりの確率で執行猶予がついた。実刑もあったが四年以下の短期刑で、日本人を殺したり、警察の保護した朝鮮人を奪って殺したりといった場合だった。

黒龍会や自警同盟の主張の線にかなり沿った決着だったといえるだろう。

こうした事情を経て、朝鮮人虐殺の実態は曖昧なままに処理され、事実はベールにおお

われていったのだ。いつしか何が事実で、何が嘘だったのかさえ判然としなくなっていった。「誤報」というより「虚報」が大量に生まれ、そのまま放置された。おそらくそれが大きな理由だったのだろう。

†『誤報とその責任』

関東大震災をめぐる膨大な誤報がどのように生まれ、なぜ放置されたのかが見えてきた。流言を報じたことによる自然発生的なフェイクニュースと、権力による人為的なフェイクニュースとがあったことも浮かび上がってきた。

そうした事態を当時の新聞関係者はどのように認識していたのだろう。いくつかの新聞社の社史を探してみたが、該当する記述は見当たらなかった。

そうした中、国民新聞編集局長などをつとめた山根真治郎が一九三八年に出版した『誤報とその責任』で言及しているのが目についた。新聞記者の育成機関だった日本新聞協会附属新聞学院の学院長だった山根が教科書としてまとめた本のようである。「風説」という項目を設け山根は次のように記している。

悪質な風説は事変とか騒乱とか天災地変のような時に多く発生する。大正十二年の関東大震災の時は、人心惶惑して風説流言百出し、さしもに冷静を誇る新聞記者も遂に常軌を逸した誤報を重ねて悔いを千歳に遺した事は、今なお記憶に新たなる処である。曰《いわ》く在留朝鮮人大挙武器を揮《ふる》って市内に迫る、曰く毒物を井戸に投入した、曰く徳富蘇峰圧死す、曰く激浪関東一帯を呑む……数えるだにも苦悩を覚える。

国家は特に風説や流言に対して取締りを厳にして居るが、出来上がった風説流言の弾圧だけで能事終われりとなすは、そもそも事の末なるもので、風説のよって来る処、流言のよって出づる原因を追究して、その対策を講ずることが何よりの喫緊事であらねばならない。では流言風説はどうして起こるか。

A　不安恐怖による憶測妄想

B　極端なる言論取締による反射疑惑

C　故意によるもの

Aの場合は多く無智から出発し、Bの場合は主として焦燥から発足する、弾圧の前に先ず民衆の無智を啓き、その焦燥を鎮静せしめることが、第一の要諦であろう。

痛恨の思いが伝わってくる。千歳の悔いの原因が何であったかを当時の新聞記者はもとより知っていただろうが、具体的には何も記されていない。ことに「C　故意によるもの」とはどのようなことを指しているのだろうか。能事とは「しなくてはいけないこと」であり、そうした点を書き残すことなく「能事終われり」としてはほしくなかった。そんな思いがしてならない。

第五章

東京大学新聞研究所の研究

東京を脱出しようと動いている鉄道に人々が押し寄せた。こうした人々の動きと合わせて流言が各地へと広がった（毎日新聞社）

1 戦後の研究

†改訂された論文

論文を読み進み、そこに登場する新聞をあらかた集めるのに三週間ほどかかり、依頼を受けたレビューを書き始めた二〇二一年三月の初め、新たな連絡が届いた。

ラムザイヤー教授が論文を改訂したというのだ。

送ってもらうと、A4の用紙で一二ページと分量は半減し、タイトルは「警察の民営化／日本の事例から」に変わっていた。関東大震災についての記述は「一九二〇年代の日本」という半ページほどのセクションに押し込まれ、朝鮮人虐殺についてはわずか四行、次のように記されているだけだった。

「自警団は破壊活動をすると疑う人間を攻撃した。地震の早くも三時間後、東京や神奈川の生存者は、朝鮮人暴徒が襲ってくるという噂を聞くようになった。すぐに自警団はかなりの数の朝鮮人を殺した（朝鮮人に間違われた日本人も）。最終的に数千人を殺したと見られる」

様々な数字を持ち出していた犠牲者の数は「数千人」に変わった。中央防災会議の報告書は、虐殺の犠牲者として、「震災の死者の一～数％」という見方を示している。全体の死者は約一〇万人とされているので、数千人は常識的な線といえる。あれほど饒舌だった関東大震災についての記述はすっかり姿を消した。一年半もネット上で公開されていた論文の根幹部分だ。

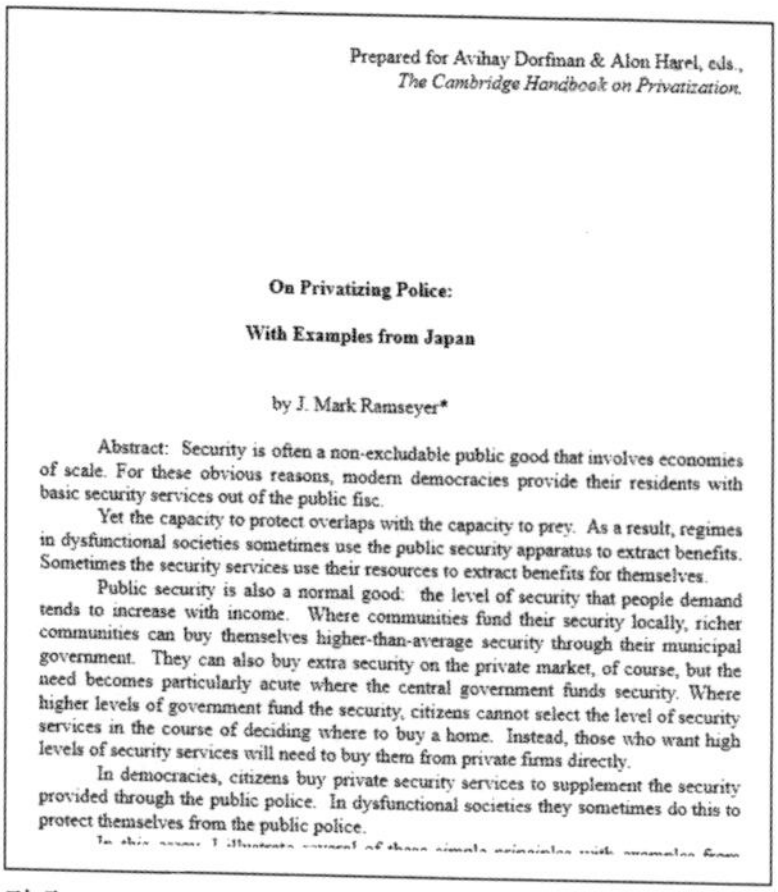
Prepared for Avihay Dorfman & Alon Harel, eds.,
The Cambridge Handbook on Privatization.

On Privatizing Police:

With Examples from Japan

by J. Mark Ramseyer*

Abstract: Security is often a non-excludable public good that involves economies of scale. For these obvious reasons, modern democracies provide their residents with basic security services out of the public fisc.

Yet the capacity to protect overlaps with the capacity to prey. As a result, regimes in dysfunctional societies sometimes use the public security apparatus to extract benefits. Sometimes the security services use their resources to extract benefits for themselves.

Public security is also a normal good: the level of security that people demand tends to increase with income. Where communities fund their security locally, richer communities can buy themselves higher-than-average security through their municipal government. They can also buy extra security on the private market, of course, but the need becomes particularly acute where the central government funds security. Where higher levels of government fund the security, citizens cannot select the level of security services in the course of deciding where to buy a home. Instead, those who want high levels of security services will need to buy them from private firms directly.

In democracies, citizens buy private security services to supplement the security provided through the public police. In dysfunctional societies they sometimes do this to protect themselves from the public police.

改訂されたラムザイヤー教授の論文。内容も装いも一変した

何があったのだろうと探すと、ケンブリッジ・ハンドブックの編集者がラムザイヤー教授に論文の改訂を求めたことを韓国の聯合ニュースが報じていた。編集者であるイスラエルの大学教授がインタビューで明らかにしたもので、数多く届いた疑問のリストを添えて論文の再考を求めたところ、

ラムザイヤー教授が書き直すことに応じたという。「とても不運な間違いだった」「日本が朝鮮半島を支配した時期の歴史に、私たちよりもラムザイヤー氏は詳しいものだと思っていた」と語ったとも伝えていた。

レビューを書く必要はもうなくなった。

かといって事態が解決したとは思えなかった。「虐殺否定」論はネットの空間といった枠を超え、社会の公的な領域にまで勢力を拡大するようになっている。毎年九月一日に東京で行われてきた追悼集会に、小池百合子知事が追悼文を送るのを取りやめるというような事態に発展している。

「虐殺否定」論には細部にわたり批判が加えられてきたが、ラムザイヤー教授の論文には、そうした批判を意識した「進化」を感じさせる点が見えた。

そもそも問題が海外にまで飛び火するに至ったのは、新聞がきちんと総括していなかったからだとの思いが強くなっていた。このままでは同じような事態が繰り返されることになるだろう。

さらには私の中で膨らんでいた疑問があった。それに対する答えを求めたいとの思いがあり、作業を続けることにした。

†定量的な分析

レビューを書く重荷から解放されると、私の関心はいくらか方向を変えた。

関東大震災の後に、新聞が膨大な誤報を生み出した事情が見えてきていたが、そうした報道が戦後という空間で、どのように理解、解釈されてきたのかに関心が広がった。

朝鮮人虐殺問題の研究を牽引してきた山田昭次さんは、全国の図書館をめぐり調査した新聞の記事をまとめて『朝鮮人虐殺関連新聞報道史料』（二〇〇四年）という全五巻の資料集を刊行している。大変な労作である。

その資料集の解説の中で「私にこれにつけ加えるものはない」と紹介している研究が目についた。『東京大学新聞研究所紀要』の第三五号（一九八六年）と第三六号（一九八七年）の二回に分けて発表された「関東大震災下の「朝鮮人」報道と論調」という論文で、三上《みかみ》俊治《しゅんじ》さん（現・東洋大学名誉教授）と大畑《おおはた》裕嗣《ひろし》さん（現・明治大学教授）が筆者で、お二人とも社会学者である。

さっそく探してみると、論文は上下合わせて一二〇ページに上るものであった。読んで

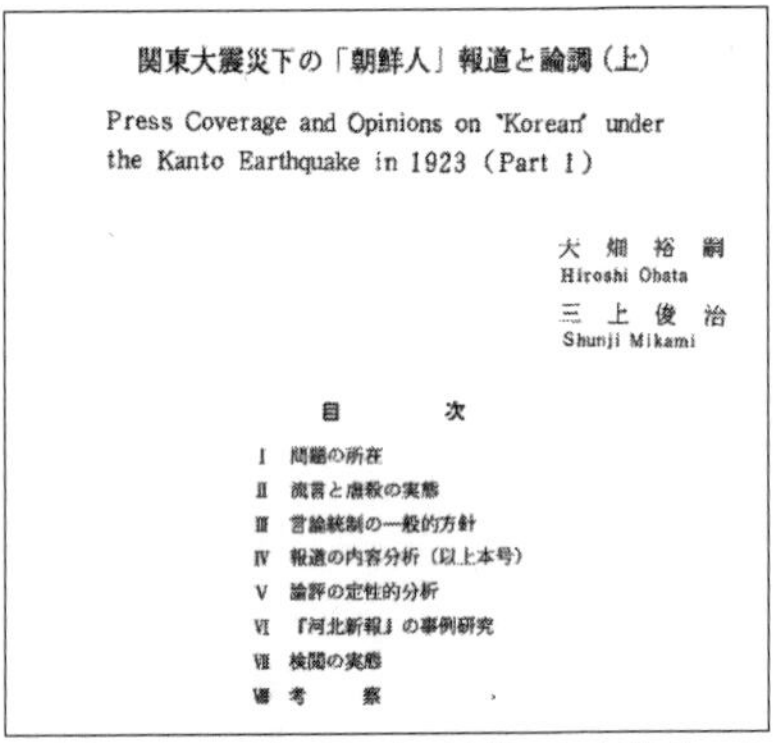
関東大震災下の「朝鮮人」報道と論調（上）

Press Coverage and Opinions on "Korean" under the Kanto Earthquake in 1923 (Part 1)

大畑裕嗣
Hiroshi Ohata

三上俊治
Shunji Mikami

目次

Ⅰ 問題の所在
Ⅱ 流言と虐殺の実態
Ⅲ 言論統制の一般的方針
Ⅳ 報道の内容分析（以上本号）
Ⅴ 論評の定性的分析
Ⅵ 『河北新報』の事例研究
Ⅶ 検閲の実態
Ⅷ 考察

東京大学新聞研究所紀要に掲載された論文。2号にわたり合計120ページにおよぶ

みると、これもまた途方もない労作であった。

ジャーナリズム史の視点から報道の定量的分析を試みたもので、国内紙一七紙、在朝鮮紙三紙の一九二三（大正一二）年九月一日から年末までのすべての記事の中から、朝鮮人に関わる記事を見つけ出し、「行為の具体的内容」「行為の表現形式」「記事の情報源」「記事の送稿手段」など一二の項目に分類し、それを東京大学の大型コンピューターで集計、分析したものだ。新聞のすべての紙面に目を通し、関連する記事を一点一点読み進め、基準に合わせて分類するという気の遠くなるような地道な作業を積み重ねることで実現させた頭の下がるような研究である。

それによると、分析の対象となる記事は一〇八八点見つかった。報じられた時期を見ると、震災からの一週間ほどと一〇月二〇日ごろに二つのピークがあった。記事の中から二一一四件の行為が抽出できた。最も多かったのは「朝鮮人が暴行した」

というもので五七八件、全体の二七・三％を占めた。「自警団などが朝鮮人に暴行した」は二六〇件で一二・三％、「一般の民間人が朝鮮人に暴行した」が二〇九件、九・九％、「誰かが朝鮮人に暴行した」が一二一件、五・七％あった。「朝鮮人は暴行していない」に分類されたものは一二八件で六・一％だった。

五七八件あった「朝鮮人が暴行した」の内容を見ると、「放火」が六六件、「交戦・襲撃」が六一件、「殺人」が四七件、「暴行」が四六件、「略奪・強盗・強奪」が四五件、「投毒」が三六件の順だった。

こうした「朝鮮人が暴行した」という記事の多くは事実ではない流言、あるいは政府の発表を伝えた誤報だったと考えていいだろう。膨大な誤報のあったことが具体的な数字として見えてきた。

「朝鮮人に対する暴行」は全体で六三一件あり、その内容は「殺人」が四七二件と圧倒的に多く七四・八％を占めた。次いで「暴行」が六九件、「傷害」が六八件だった。

「朝鮮人による暴行」があったとされる場所を分類すると、東京が三九・七％、神奈川が一〇・九％で合わせると半数を超え、「不明」が二三・九％だった。

記事の情報源も分析している。「公人・公的機関」が二〇・一％、「民間人」が五・三％

で、「記者」は三・九%に過ぎず、圧倒的に多かったのは「記載なし・不明」で六九・七%に達した。

こうした集計、分析を踏まえ、論文は関東大震災後の新聞報道の傾向を以下のように結論づけていた。

①流言を打ち消すどころか、軍・警察・一般民衆の間に広がった流言を大々的に、あたかも事実であるかのように報道して読者に誤った状況認識を植えつけ、②それによって各地での虐殺事件を惹起させ、③事実無根の流言とわかった後も、これを積極的に打ち消すなどして読者に正しい認識を与えようとする努力をほとんど示さず、④朝鮮人虐殺については真実を報道せず、一〇月以降は自警団による一部の虐殺事件(警察によって起訴されたものが中心)のみを報道することによって、一部の「悪自警団」に全責任を転嫁させようとする当局の意図に乗せられることになり、⑤「不逞鮮人」と「良鮮人」の呼称を使い分けることによって、朝鮮人に対する国民の偏見と敵対心とを助長し、⑥「朝鮮人」記事の解禁後も、朝鮮人虐殺報道と並行して、当局の発表した「不逞鮮人」による暴行を大々的に報道してこれを既成事実化し、⑦自警団

の行為に対しては、同情的な意見を載せることによってこれを免罪し、⑧その後、事件の真相解明・責任追及のキャンペーンを張って世論を喚起するといった努力も示さず、⑨朝鮮半島や大陸での民族解放運動を「不逞団の暴動」として報道しつづけることにより、日本の帝国主義的な植民地支配の本質を国民の目から覆い隠すという役割を果たしたのである。

新聞を作る側からすると相当に厳しい指摘であるが、どれも否定しようがない。

†群を抜いて多い河北新報

関東大震災での朝鮮人をめぐる報道を分析したこの研究が対象とした新聞は二〇紙であった。内訳は、東京が報知新聞、東京日日新聞、都新聞、東京朝日新聞、国民新聞、読売新聞の六紙。大阪は大阪朝日新聞と大阪時事新報の二紙、地方紙が北海《ほっかい》タイムス、岩手毎日新聞、河北新報、信濃毎日新聞、静岡民友新聞、神戸《こうべ》又新《ゆうしん》日報、九州日報、九州新聞、九州日日新聞の九紙。朝鮮は京城日報、東亜日報、朝鮮日報の三紙である。

この二〇紙から一〇八八本の記事を見つけ出して分析したのだが、最も多かったのは河北新報の一二三本で全体の一一・三％に上った。東京で焼失を逃れた東京日日の九三本よりも多く、焼失した東京朝日の四三本に比べるとほぼ三倍に当たる。

仙台に本社を置く河北新報は、震災当時、発行部数が一〇万を超え、東北地方の最有力紙であった。河北新報の朝鮮人報道の特徴は九月六日までの混乱期の記事が五二・八％を占めていることだ。同じ期間の二〇紙の平均は一六・七％で、東京の新聞社は震災の影響で多くが機能を停止していたので比較のしようがないが、大阪朝日は八・三％、信濃毎日が二八・三％であり、震災の直後に群を抜いて数多くの記事を送り出していたことが分かる。

なぜそれほど集中的に多かったのか。論文では河北新報を個別に取り上げ、分析している。

まず当時の状況を次のように紹介している。

河北新報本社が震災の第一報を入手したのは、地震発生からわずか一時間後の九月一日午後一時ごろであった。仙台鉄道局に入った次のような内容の電報で、鉄道担当記者によって報告された。

夕刊 河北新報

九月四日

THE KAHOKU SHIMPO.

憎む可き不逞鮮人 放火は彼等の仕業

兩手に爆彈を握った 二名の鮮人捕縛さる 東京の危險言語に絶す

鮮人四名

七名銃殺

全市を火で包まうとする鮮人等

鮮人の一隊 龜有附近に暴動 死傷多數の見込

鮮人取押へらる

鮮人平に入込む

不逞鮮人一味 東北に入込む 爆彈を携帶して

不逞鮮人警戒

井に毒薬

鐵道省の警告

第二師團より 二個聯隊の歩兵出動 東京警備のため輸送 陸軍省發表

第二師團の二個聯隊 本日午後二回仙臺驛出發

第三旅團司令部

陸海共同警戒

下關重砲兵出動

三島重砲兵出動

閑院宮寛子女王 山階宮大妃殿下 鎌倉に薨去遊ばさる

食糧を滿載して 軍艦四隻品川横濱へ 三日呉を出發す 「海軍省公表」

河北新報の９月４日発行（５日付）の夕刊。朝鮮人に関連する記事を最も多く河北新報は掲載していた

本日正午ころ、関東地方大地震で東京市内の主要建物は目下盛んに燃焼しつつある。東京駅はすでに焼け落ち、銀座通りその他の繁華街は火の海と化している。震禍はいつ果てるとも思われない。店舗を失い、住宅を潰された市民は夢遊病者のように泣くにも泣かれず、さ迷うばかりである。るいるいたる死屍、ごうごうたる爆発音、火煙天にちゅうし惨憺たる光景は名状すべくもない。大部分の新聞、通信社は発行、通信不能に陥ったものと思われるが、電信電話の不通で詳細を知ることはできない。前夜来組閣本部に集まった山本権兵衛、後藤新平、犬養毅、井上準之助、田中義一、財部彪らは生死不明で流言蜚語に帝都は無政府状態である。

一日は山本権兵衛内閣の発足が予定されていた。東京と仙台を結ぶ国鉄の通信網が震災の影響を受けても機能していたことを伝えている。

この情報をもとにただちに号外を発行した。

夕刻になると、仙台鉄道局には次のような第二報が届いた。

本所深川方面は五千余の避難民が、なだれを打って本所被服廠の空き地に殺到したが間もなく猛火と黒煙に包囲され無残の焼死を遂げ、吉原附近の大池、隅田川に飛び込み、そのまま溺れるもの数知れない。余震はなおやまず、十分二十分毎に不気味な震動が断続し無政府主義者第三国人の暴動などのデマが飛び、人心きょうたるものがある。組閣本部の閣僚候補は無事らしい。

この情報は第二号外として報じられた。

契約していた電報通信社との電話連絡線が復旧するのは七日夜であり、それまでの間、鉄道電話は東京とを結ぶ唯一の通信手段として機能した。

河北新報では速記者を鉄道電話の脇に置くことを認めてもらい、刻々と入電する情報を細大漏らさず記録し、本社に報告した。そして、その都度号外を発行し、東北六県の速報板に張り出して一般に報道、朝夕刊とも広告なしの大震災ニュースで埋めることになった。

†「朝鮮人が暴行」が四三・九%

論文には河北新報に掲載された一二三本の記事の分析結果が示されている。

記事が伝える行為の内容では、「朝鮮人が暴行した」が四三・九%で、全国平均の二七・三%を大きく上回っていた。「警察官が朝鮮人を取り締まった」も全国平均（九・七%）を上回る一七%で、この二つの行為を合わせると全体の六割を占めていた。

それに対して、「朝鮮人に対する暴行」は一八・六%で、全国平均の二九・八%を下回っていた。

そうした結果をもとに、河北新報においては、「朝鮮人による暴行」流言が全国平均を大きく上回る量で報道され、他方、「朝鮮人に対する暴行」については、あまり報道されないか、あるいは「取締り」というボカされた表現で報じられているにすぎない、河北新報は震災のニュースを全国に先駆けて入手し、迅速な報道によって、東北地方の人びとに震災の速報を次々と伝えたが、それと同時に「朝鮮人暴動」流言もまた、同紙の報道を通じて東北地方に広く伝播することになったのである――と論文は指摘している。

震災直後の混乱期に河北新報の報道の中で最も大きな比重を占めたのは東京からの避難民の談話であり、「これらの談話の内容は、とくに朝鮮人による暴行に関しては事実を著しく歪め、あるいは誇張した流言に満ちていた」とも研究は指摘している。

2 引用された河北新報記事

†避難民の体験談

ラムザイヤー教授の論文でも河北新報の記事は最も多く五本が引用されていた。そのうち四本は、震災直後の混乱期のものであった。

第二章「保護と掠奪」の「C・一九二〇年代の日本」の中で、「武装した朝鮮人がテロ攻撃の計画を前倒しした、と新聞は報じた。日本は一九一〇年に韓国を併合し、一九一九年以来、朝鮮人の活動家は反撃を始めた。この文脈を踏まえて、例えば河北新報は、爆弾を持っていて捕らえられた朝鮮人の自白を報じている（河北一九二三b、一九二三e）。その秋に予定されている皇太子（後の昭和天皇）の結婚式に合わせて大規模なテロ攻撃を計画していると彼は言っていた。地震を契機に、彼らはその計画を加速させたのだ」と記している。

土管で生きた三萬人
鮮人の恐るべき自白
四日間の土管生活から辛うじて
逃れて来た罹災者の話
同胞の温情を・
しみぐ感じた
不逞鮮人に對して
燃ゆる復讐心は
私刑を止めよ

河北新報の9月6日発行（7日付）の夕刊。トップの「土管で生きた三万人」がラムザイヤー教授が紹介したもので、ほかも避難民の証言で埋まっている

「河北一九二三b」は「土管で生きた三万人」という見出しの九月六日の記事で、『現代史資料』を出典としてラムザイヤー教授は示していた。確認すると、オリジナルの紙面とは細部でいくらか異同がある。オリジナルの記事を少し長いが全文紹介する。当市とは仙台のことである。

東京・月島の住人で、五日、当市に避難して来た罹災者の実話を叙する。大要次の如くである。

去る一日正午、最初の強震で住民は一斉に電車通りとか鉄工場の空地へ避難した。以来、連続的に揺れて居ったが、その最初の強震あって約三十分も経ったと思う頃、銀座尾張町と芝口の二ケ所に出火あり、黒煙濛々としてもの凄く、消防隊が駆けつけたけれども水の便がないので、火勢は刻々猛烈となって行くばかり。やがて火の手は八方から上がり、おまけに夕景に至ってあたかも暴風の状態となり、本所深川の方面は一面火の海と化した。

その頃までも住民等は異口同音に、川を隔てているから月島だけは大丈夫と多寡をくくって逃げ仕度もせず、飛来せる火の手を消したりなどして対岸の火事見物をしていた。ところが、火足はすこぶる迅速に、ソレ商船学校が燃え出した、ソレ糧秣廠だというあんばいに、猛火はだんだんと月島の方向さして襲って来る。とうとう一号地が燃え出した。それ二号地の市営住宅に付いたと思う間もなく、この市営住宅三百戸ばかりは瞬く間に一舐めにされ、さらに三号地へ移って、ここもまたひとたまりもなく灰燼に帰した。されば月島の住民は一号地から二号地へ、さらに二号地からどん詰まりの三号地へと順々に逃げ延びた。この三号地には約三万坪の空地があり、下水用の鉄管土管の置き場になっている。そして土管は直径長さともに約四尺、鉄管は直径約三尺、長さは一間もしくは二間ぐらいのものが一面に置いてある。この土管の中には水が溜まっているから、板切れや亜鉛板の焼け出されたものなどを敷いて、この土管の中に約三万人の月島住民は避難していた。もちろん着のみ着のままで。

辺りには火薬庫がある。これが万一破裂しようものなら、生命はこれまでと、生きた心地もなく恟恟《きようきよう》として潜んでいた。

こうして月島はきれいさっぱりと焼け尽されたのである。

これより先、越中島の糧秣廠には、その空地を目当てに本所、深川辺りから避難してきた罹災民約三千人が雲集していた。ところが、その入り口の方向に当たって異様の爆音が連続したと思うと、間もなく糧秣廠は火焔に包まれた。そして爆弾が所々で炸裂する。三千人の避難者は逃げ場を失って阿鼻叫喚する。遂に生きながら焦熱地獄の修羅場を演出して一人残らず焼死してしまった。その惨憺たる光景は筆や口のよく尽すところでなかった。月島住民は前記の如く土管内に避難し幸いに火薬庫の破裂も免れたため、死傷者は割合少なかった。それだけこの三千人を丸焼きにした実見者が多かった。しかも、その爆弾を投下したのは鮮人の仕業であることが早くも悟られた。そして仕事師連中とか在郷軍人団とか青年団とかいう側において不逞鮮人の物色捜査に着手した。やがて爆弾を携帯せる鮮人を引っ捕らえた。恐らく首魁者の一人であろうというので厳重に詰問した揚げ句、遂に彼は次の如く白状した。曰く

「われわれは今年のある時期に大官連が集合するから、これを狙って爆弾を投下し、次いで全市至るところで爆弾を炸裂せしめ全部全滅鏖殺《みなごろし》を謀らみ、また一方、二百十日の厄日には必ずや暴風雨襲来すべければ、その機に乗じて一旗挙げる陰謀を廻らし機の到来を待ち構えていた折柄、大強震あり、これでは御大典もどうなることか判らないから、この地震こそは好機逸すべからずとなし、此処《ここ》に決行したのである」と。

聞いた一同の憤懣遣る方なく、さてこそ風向きと反対の方面に火の手が上がったり意外な所から燃え出したり、パチパチ異様の音がしたりしたのは正に彼等鮮人が爆弾を投下したためであった事が判然としたので、恨みは骨髄に徹し、評議忽ち一決してこの鮮人の首は直に一刀の下に刎ね飛ばされた。かくて捕えられた鮮人二十四人は十三人一塊と、十一人一塊と二塊にして針金で縛り上げ鳶口で撲り殺して海へ投げ込んでしまったけれども、まだ息のあるものもあったので海中へ投入してから更に鳶口で頭を突き刺し突き刺ししたが、余りに深く突き刺さって幾人もの鳶口がなかなか抜けなかった。またほかに三人の鮮人は三号地にある石炭コークスの置き場の石炭コークスが盛んに燃えている中へ、生きているまま一緒に引き縛って投げ込んで焼き殺してしまった。実際惨酷らしいようだが、しかし深川辺りでは井戸へ毒を投入したため罹災者の子供がそんな事とは知らないでその水を飲んだため、握り飯を持ったまままころころと死んで居ったり、毒入りの飴を子供が食べて死んでいるのを見たりするのに較べると、まだ何でもない事である。それのみならず、彼等鮮人は巡査の手を挙げて群衆を制している背後から帯剣を抜き取るや否やグサとばかりに刺し殺してしまう。こうして殺された巡査は幾十人なるか知れぬ。さればこそ、こうした怨みもあるから、前記鮮人を縛して海へ投じた時、見ていた巡査達は双手を挙げて万歳を叫んだ程である。吾々は土管生活四日間、本日、市から渡船の便を開いてくれたのでヤッと避難して来れた次第である。避難民に対する各駅々における親切はしみじみ嬉しかった。

何とも生々しく、多くの人が焼け死ぬ場面や、朝鮮人が殺される様子は実際に目撃した光景なのだろうと思わせるものがある。「仕事師」とは土木工事などの作業員を指したようである。

ラムザイヤー教授はこの記事の中の「爆弾を持っていて捕らえられた朝鮮人の自白」を朝鮮人の犯罪が実在した根拠として示していたのであった。何度か読み返してみたが、伝聞、風聞に属するものではと私の目には映った。

†「不穏記号」とされた目印

もう一つの「河北一九二三e」は九月六日のHakodate un'yu jimusho Tsubouchi Nao-fumi shi denという記事だとラムザイヤー教授は出典を示していた。「伝」か「電」なのだろうかと調べてみると「函館運輸事務所坪内直文氏談」という記事であった。以下のような内容である。

震災以来、東京市中にあり、漸《ようや》く身をもって逃れ、五日朝、帰所の途中、仙台鉄道局に立ち寄った函館運輸事務所の坪内直文氏は、東京の惨状について語る。

私は神田に宿を取っていたが、地震の起こった際にはちょうど町を歩いていたので、幸いにも生命が助かり、そのまま東京に止まり、焼け残った知人の家を尋ねて、僅かに飢えをしのいでいた。地震で潰された建物は割合に少なく、その後の火事のため焼けたのが大部分で、不逞鮮人の放火が多いと噂されている。丸の内では警視庁、帝劇などは焼失したが、丸の内ビルデングは残っていた。その真偽はともかくとして、不逞鮮人等は今秋の御慶典を機会に何事かを企つべく準備中に震害が突発したので、予《かね》て密造して置いた爆弾を携え襲撃したものらしく、大建築物は彼等の爆弾にやられたらしい。震害前まで、彼等は「オワイ屋」に化けて市中を徘徊し、辻々や要所に白墨で「矢印」で方向を示したる丸にトの字を書いた記号などを書いてあったが、みな彼等の符牒であったとも伝えられ、震害と同時に合図の烽火《のろし》が三発揚がったという説もある。

列車は避難者や見舞人で満載され、時間もなにも不定で運転されてるが、その混雑は話の外である。機関車のタンクにまで人が乗っており、客車の屋根に女子供、お婆さんまでが乗っていたのには一驚を喫した。小山あたりまでは列車ごとに飲用水や食物を支給されたが、それよりは例の不逞鮮人の警戒することが頗《すこぶ》る厳重で、棍棒を持った人々が朝鮮人は居らぬかと列車を調べて廻るという物凄さであった。列車内ではこうした有様とて、飢えと疲労とに卒倒する避難者が非常に多かった。東京方面をさしてゆく者も元気がよいが、避難して来るものは疲労困憊の極に達しているのであるから、列車内に於ても甚だ惨めなものであった。この際はなるべく万やむを得ない人の外は避難者のために上京を遠慮してほしいと思う。

様々なことが盛り込まれているが、「不逞鮮人」の動向については「真偽はともかく」「噂されている」「とも伝えられ」「という説もある」などと報じるものだ。

記事中にある「矢印」などの「不穏記号」については詳細な調査の記録が後藤新平文書に残っている。東京市内や近隣町村の民家の板塀や羽目板に白墨で記されたもので極めて多様で、その多様な印がそれぞれ放火、爆弾、強盗、殺人など朝鮮人らの不逞な企みを示していると見なして大いに民心の不安をひきおこしたと説明。「然《しか》れども調査の結果」として「震災とは関係なく、清潔夫、新聞配達夫、牛乳配達夫等がそれぞれ業務上の必要により施用して居りたるものこと、ならびに市内ほとんど全部にわたりて広く使用され居りたること判明したり。その手段の余りに露骨にして、かつ拙劣なる点より思考すれば、用途不明の他の記号といえども、何ら陰謀的所業に関係あるものとは認め難し」と結論づけている。

「オワイ屋」「清潔夫」とはトイレのくみ取りに従事した人で、その作業のためにつけておいた目印までが流言として伝わり人々は恐怖したことを、この記事は伝えている。

†燃え立つ復讐心

残りの二点も確認しておこう。

「河北一九二三c」は探してみると、九月六日の「土管で生きた三万人」と同じ紙面に載っていた。「不逞鮮人に対して／燃ゆる復讐心は／なかなか消えそうでない／奇抜な鮮人鑑別法」という見出しで、次のように報じるものだ。

東京大火の副動機とも、或いは見ようによっては主因とも思わるる不逞鮮人の暴行為はほとんど一切を忘れるくらいに東京市民を激昂させ、復讐心は火の如く燃えたって、市街の火の手は収まっても、これだけはなかなか収まろうとしない。

何しろ大震災と同時に市内各所のガス管が破裂して市中に盛んにガスを噴出する。それに鮮人等が団体をなして火をつけて廻ったのが市中百二十余ケ所の火の手となり、さらに各所に爆弾を投げて火勢を助長し、災害後は各所の井戸に毒薬を投げ込み、罹災民の子に与うるパンの中に猫イラズを入れて配ったというのだから堪らない。

「俺の親を、子を、女房を兄弟を殺したのはみんな彼奴《あいつ》だ」「俺の住家を奪ったのも、俺をこんなまでに飢渇に苦しめたのも、みんな彼奴の仕業だ」と絶対にそう信じ切っているのだから穏やかなはずはない。警官がいくら鮮人を見たら直に捕まえて軍隊に引き渡せ、決して勝手に制裁を加えてはならぬと声をからして怒鳴ったところで、追いつく沙汰のものではない。殺せ、殴れの意志が言行一致となって、今ではもはや警察力の及ばない民衆の私刑が構成された。撲殺刑、投石刑、一刀両断刑、射殺刑などの上をさらになにをがな極刑をと考えるまでに民衆は不逞鮮人の血に飢えているのだ。

そんな有様だから朝鮮人はいうまでもなく、朝鮮人と見誤られたが最後、東京近郊では命にかかわる問題が生ずる中でも、一番分の悪いのは東北方面の人々で、一流の訥々たる弁は、往々「此奴《こいつ》怪しい」と来る。怪しいときたら最後、ワーッと鬨《とき》の声が上がる。そうなったらもう駄目だ。精々撲られた上で「日本人だったとヨウ」とアッサリ済んでしまうのだ。

それがまた随分あるので、警察でもこれを避けるために、日本人に鉢巻きをさせて識別させようとした。避難民を乗せた列車中、往々、鉢巻きの見たるのは、婦人が列車中でも襷を外さないと一般、いまだ飽くまで戦場気分である名残だ。この鉢巻きは直に朝鮮人で自己防衛として早速真似た。今もなお上野附近には在郷軍人の服を着た鮮人が、その正服《ママ》にまぎれて暴行をしているというが、この鉢巻きだけはさすがに失敗して、反って鮮人識別の一法となった。従来鮮人は生年月日を問うこと（中には大正十二年生まれなどいうのがある）、いろは歌等であったが、この鉢巻きは一番目に立った。日本人のは由来権太式のキリリと角を立てるのが特長だが、鮮人のはダラリと下がるか、あるいは額の中頃、両端をグルグルとトグロを巻かせる。それが既に大した相違であるのでスグ判るのだ。労働者関係から手を見るという報《ママ》もあるが、これは大して成功ではなかった。

また鮮人の腕章丸に十は爆弾、三角は毒薬、又の字は放火組とか、或いは日本人らしい者がチョークで放火個所を示したとか言うのはあるが、これは些《いささ》か疑問とすべく、疑問でなくも一部少数の盟約らしく、衆団の規約ではないらしい。またひどいのは撲って見て知るという法もある。いくら日本語で弁解しても、余りボカボカと来ると、ツイ犬の耳を引っ張ったような朝鮮語を出すというのだが、気の立ってる連中にはこれが一番会心の識別法らしい。

避難民から聞いた話をまとめたものと考えられるが、この記事をもとにラムザイヤー教授は「それは東京の災害の二番目の原因、見方によって主な原因とも言える。それは反社会的朝鮮人による暴力である。地震は街中のガス管を破壊した。すると朝鮮人の集団が街中に散らばり、ガスに火をつけ、一二〇以上の火災を引き起こした。ある場所では、彼らは爆弾を投げ、災害後には、井戸に毒を入れた」と主張していたのであった。

†山県有朋首相の邸宅

混乱期の河北新報はさらにもう一点引用されている。

「一部の東京住民は、故山県有朋首相の邸宅に避難した。しかし、朝鮮人が井戸に毒を入れたために、飲み水がなかったと河北新報は書いている」として示された「河北一九二三a」である。九月六日の「大震災後の東京は／焼石の河原のようだ」という見出しの記事である。これも内容を確認しておこう。

東北大学より被害状況視察のため上京した渋谷書記は、全身泥まみれの姿で五日正午近く帰仙した。その視察談によれば「川口町の混雑は実に名状すべからざる有様で、避難民は大群をなして押し寄せてくる。川口町から徒歩で赤羽まで行くと、ここにも避難民が一ぱいで、とても通れない程だ。空腹を訴える子供や足を挫いた婦人、重傷と飢餓とに死にかかっている男などが救いを求めている。赤羽・日暮里間は鉄路上に粗末な避難小屋を造って罹災者がいるので、線路に故障がなくても汽車を動かせない。無理に運転しようとすれば「轢き殺してくれ」といって一寸《ちよつと》も動かぬという有様。やっと上野に着いて山に登って見れば、まるで焼石の河原のようだ。僅かに浅草の観音様や大建物の鉄筋のみが見えている。青年団、軍人分会、自警団員等はいずれも刀、鉄棒、樫木棒を持って警護に任じている。なんでも地震後の火災は左程でもなかったのだが、一日の夜から、不逞鮮人が随所に放火し、上野の如きも朝鮮婦人が石油をまき、それに鮮人が後から爆弾をなげたためなそうで、罹災民の鮮人を憎むことはとても想像以上である。この付近の人達は一時、岩崎男邸に避難したのであるが、邸内の井戸に毒薬を鮮人に投ぜられたので、非常に困っている。それで四日午前には、万世橋で七人、午後には大塚で二十人、川口で三十人の不逞鮮人隊が捕縛され、その一部は銃殺されたといっていた。帰路は途中まで汽車の屋根に乗って来たが、至る処で鮮人騒ぎがあった。男一人で無理にも行こうというならば兎に角も、とても女子供や老人などは行かれたものではない云々」と。

とりあえず気づいたのは、ラムザイヤー教授が「故山県有朋首相の邸宅」としていたのは、もとの記事では「岩崎男邸」、つまり三菱財閥を率いる岩崎男爵の邸宅であることだ。ラムザイヤー教授が引用した『現代史資料』を確認すると、「男」が脱落し「岩崎邸」となっている。ともあれ、その「岩崎邸」が、英語に翻訳されると「故山県有朋首相の邸宅」になっていた。なぜそうなるのかは私の理解を超えた領域だ。

3　報道が増えた理由

†そろっていた条件

こうした東京からの避難民の談話は、東大新聞研の「報道と論調」論文が指摘するように「とくに朝鮮人による暴行に関しては事実を著しく歪め、あるいは誇張した流言に満ちていた」ことは確かだ。

だが、新聞記者としてその場に自分がいたならと考えると、やはり同じような記事を書いただろうと思えてならない。聞いた話の内容が本当に事実なのかを確認する手段はない。だが、語っている人たちに嘘をつく理由が考えられない。数多くの人に話を聞けば聞くほど、内容は似通っている。全国どこの新聞であっても、一本でも多くの記事を載せたいという段階だった。

そもそも事故や災害の現場で、体験者や目撃者を探して証言を集めるという取材は今日でも珍しいものではない。記者の基本動作ともいえる。例えば、二〇二〇年、新型コロナウイルスによる大規模な感染が確認された中国の武漢から日本人を帰国させるために日本政府はチャーター便を運航した。到着する空港には多くの報道陣が待ち構えていた。そこで帰国者が語った言葉は、そのまま報じられたはずであり、日本国内から見ていただけでは想像できない切実な話であればあるほどニュース価値は高かったはずだ。

河北新報が群を抜いて多くの記事を掲載したことには理由があったように思えてならない。熱心に報道をしたのは確かだろうが、それと加えて被災者から話を聞くことのできる条件がそろっていたのだ。

東京から西へ向かっては鉄道も通信も多くが機能を停止したが、北へと向かう鉄路は動いていたのだ。

常磐線は一日のうちに金町以北が単線で復旧し、東北線も川口以北が単線で復旧した。三日には隅田川橋梁の応急修理を終えた常磐線が日暮里まで開通し、四日には東北線の荒川橋梁が単線で応急復旧され、赤羽、田端を経て日暮里まで運転された。

四日には避難民の無賃乗車が始まり、とにかく東京を脱出しようとする人が北へと向かう鉄道にあふれた。そういう人たちの体験談を集めることで、河北新報の記事は成り立っていた。河北新報が特に軽率だったから流言を多く報道したとは思えない。他の地域の新聞ではできなかった情報を収集できる環境にあったのだ。

さらに、大きいのは仙台鉄道局の存在だ。首都圏の鉄道復旧へ向けて、仙台鉄道局は資材や人員を真っ先に送り込んだ。列車の運行が可能だったからで、他の地域の鉄道局にはできないことだった。

国鉄の業務日誌によれば、仙台鉄道局は早くも二日に、鉄道省や東京鉄道局との間の連絡や作業援助の目的で運輸、運転、工務、電気、経理各課員一名で移動出張班を編成し出発させ、大宮駅構内に仙台鉄道局派出所を設置している。この日誌を見る限り、震災直後に独自の派出所を設けた鉄道局は仙台だけだ。そこからの情報は鉄道電話を通して仙台へともたらされ、それを河北新報が次々と記事にしていったと考えられる。五日の紙面には「仙台鉄道局大宮派出員島村書記より鉄道職員の実見談として電話報告してきた」という記事が見える。鉄道電話を頼りにしたのは全国の新聞で共通だったとしても、仙台の河北新報だけは独自の情報源を持っていたといえるだろう。

東京から押し寄せた避難民が東京の空気を運んできたことも考えなくてはいけない。同じく動いていた鉄道でも碓氷峠より西の信越線では雰囲気が相当に違っていたことを当時の新聞は伝えていた。それに対して、東北線や常磐線の沿線は殺気だった状態で、武装した自警団が列車内や駅を動き回っていた。戦争といっていい状態だったことを避難民の証言は伝えている。

東京一帯の被災地の空気がそのまま北へと流れ込んでいたのだ。その環境の中で最も情報を集めやすい立場にいたのが河北新報だった。河北新報の記事が震災直後に際立って多かった、それが理由だったと思えてならない。

†第二師団の動き

東大新聞研の紀要に載った論文は、河北新報の記事の内容も分析している。

人心靜穩 避難者救護

鮮人 附近で一名逮捕

陰謀 放火係、毒殺係に化せんとした捕れた鮮人の自白

松川村に鮮人の放火 福島縣に入込む

巡査一名 不逞鮮人の爲水戸で殺さる

富山縣知事 上京して行衛不明となる

山形にも入込む 爆發藥を購入せんとしてる十五名檢束さる

昨夜不逞鮮人らしき者約十四五名山形市に入り込み爆發藥の原料硝石、ナフタリン、ヘツマツチ等を購入せんとしたるも劃策なるを以て拒絶せられたる關係より急に警察の注目する處となり山形署に檢束せられたり（山形）

動員下令の第二師團 昨日不逞鮮人跋扈の東京へ出發

高崎火藥庫に放火せんとした鮮人 十數名捕縛さる

又復大地震 甲府市人畜死傷多し 右往左往の混亂

9月5日の河北新報。出動する第二師団が仙台駅前に整列した写真を掲載している

五日朝刊の以下の記事は「事実無根の流言にすぎない」と指摘している。

東京における惨害後の混乱はますます激しく、不逞鮮人団が襲撃して各所に争闘を起こし、危険極まりなき状態なので、陸軍では戒厳令発布と同時に、近衛第一両師団並びに宇都宮、高田両師団より一部の兵力を増加し秩序維持に努めているが、なお充分でないというので、三日夜、第二師団に出動命令を下した。

四日夕刊の以下の記事に対しては「クレジットがついておらず、情報源が明らかでない。しかし、記事の内容からみて、戒厳軍ないし警察筋からの情報である可能性が示唆される。「朝鮮人暴行」流言を朝鮮半島における独立運動と結びつけて「説明」している点で、強い政治的な意図をもったデマゴギーの性格をもつ流言報道といえる」と指摘はさらに厳しい。

東京の大惨害は地震と暴風を奇貨とし朝鮮の独立陰謀団が時期到来とばかり爆弾放火の大残虐を断行したという事はいよいよ明瞭となったらしく、かかる大陰謀を企てることを未然に察知することのできなかった残触内閣は野垂れ死にとなり、これを幇助した政友会の幹部連が頸を並べて圧死したと伝えられ国民の義憤を避けてるが、宇都宮駅にて逮捕した鮮人の自白により彼等は鉱山または水力電気工事、鉄道工事の人夫に雇われて巧みにダイナマイト類を取しビール瓶等に入れて某所に蔵匿し置き、微妙な暗号符牒にて互いに気脈を通じ、東京を中心に機会を狙って居たが、民心倦怠して緊張せず思想はますます悪化し、内閣の奪取運動に夢中になってる矢先、大地震大爆風大火災にて大動揺となるや彼等の組織せる決死隊は枢要の官衙、銀行、富豪等に対して爆弾放火をなし、やがて無政府状態に陥らしめ、暴動化せしめんと計画し、丸に一は爆弾係、山の形二つは放火係、丸に井桁は毒殺係という符牒を定めたもので、戒厳令を敷かれ軍隊のため追撃さるるや、学生その他に化けて罹災者と共に八方に遁走し、中にも最後の爆弾を試むべく宇都宮駅に下車せんとした鮮人十数名あり、大格闘して内四名を捕縛し、他は死に物狂いになって逃亡し甚だ険悪なので、第二師団にも出動命令あり。四日午後一時十分発列車にて第二十九連隊の（一字欠）部が武装して宇都宮方面へ急行し、また五日午前五時三十分発列車にて工兵第三大隊及衛生隊約五百名が東京方面へ急行するそうだが、本県警察部にても怪しい朝鮮人は全部検束することとし、隣県警察部と相策応するなど警察は徹宵し異例の緊張振りである。

流言をそのまま伝えた部分のあるのは、確かにその通りだ。だが、この記事を読んだ河北新報の読者が情報源で悩むことがあったとは思えない。

この二つの記事に共通するのは「第二師団に出動命令が下った」ことを伝えていることだ。ほかの師団は宇都宮（第一四師団）、高田（第一三師団）と地名が示されているが、なぜ第二師団は地名の師団名ではなかったのか。

理由は明白だ。第二師団は仙台に司令部を置いた部隊だったからだ。第二師団を知らない河北新報の読者がいたとは思えない。師団長は親任官相当職であり、勅任官の県知事よりも席次の高い役職だった。

日本陸軍の部隊は地域で集めた兵により編制されていた。師団は通常四個の歩兵連隊を抱えていたが、記事に登場する第二九連隊は仙台に駐屯した歩兵の部隊であり、宮城県出身の兵で編制されていた。その郷土部隊が出動することを、この河北新報の記事は報じているのだ。

四日の夕刊は一面に「第二師団の二個連隊／本日午後仙台駅出発」という記事を載せている。「東京市及びその付近の震災救援のため三日午後八時、大湊要港部司令官を経て第二師団司令部に対し、有力なる通信班を有する工兵隊並びに衛生隊の出動命令あり。師団司令部にては、最も機敏迅速に直ちに在仙各隊及び若松、山形各隊に命令して四百名の衛生兵を臨時編成し、医官十四名これを引率し、一方工兵第二大隊三百名は佐藤大佐これを指揮して四日午前五時三十分、東京市外田端へ向け出発」と伝えている。それとは別に仙台の歩兵連隊に出動命令のあったことも報じている。三日の夕刊には「第二師団の出動は未だ決定していない」という記事もあり、第二師団の動向には地元で大きな関心が集まっていたことを物語っている。

五日の朝刊には「動員下令の第二師団」という写真も載っている。仙台駅前の広場で銃を手に整列した姿で、「不逞鮮人跋扈《ばっこ》の東京へ出発」との説明がついている。

歩兵の一個連隊は約二〇〇〇人であり、その規模の部隊が武装して混乱を極め、朝鮮人の集団と戦争状態とも伝わる東京方面へと出動するというのだから、河北新報にとっても、その読者にとっても、これ以上はない関心を集めるニュースだった。読者の中には家族や知り合いに兵士のいる家庭もあっただろう。

このニュースの行間には、そうした事情が、記者と読者の間の暗黙の了解が詰まっているのだ。

河北新報にとって第一級のニュースである。「出動命令が下った」というだけではとても記事として成立しない。なぜ出動するのか、それがいかに重要で危険な任務であるかを説明する必要があった。当然、第二師団で取材もしただろう。それに加えて手元にあった東京方面の最新の情報を加え、この記事は生まれたはずだ。

もし私が取材のデスクであったなら、そのようにして記事を仕立てることを記者に指示したことだろう。

†高くなかった社会の関心

東京大学新聞研究所の紀要に発表されたこの論文は空前の試みであった。関東大震災と新聞報道をめぐり、その後もこれをしのぐ研究がないことは、この分野の第一人者である山田昭次さんが、二〇年近く経って「これにつけ加えるものはない」と記していることがよく物語っている。

だが一方で、この論文にはカバーしきれない領域があった。河北新報の記事をどう読むかにそれは現れていた。

かといってそれはこの論文をまとめた研究者の責任だとは思えない。社会学者として最新の手法を用い、大変な労力を投じ、大型コンピューターを駆使した画期的な研究だった。戦前の軍事事情についての知識が社会から消えた段階であり、第二師団を知らなくても不思議ではない。

だが何かが不足していたのだ。

何かが。それは社会の関心だったのだろうと思えてならない。

新聞の関係者がきちんと読んでいれば、私のような違和感を覚える人間がいただろう。

東北地方の事情や軍事史に詳しい人が目にしたら、おそらく何らかの反応や新たな展開があっただろう。

関東大震災の埋もれた事実を掘り起こす作業は一九六〇年代に始まったが、担い手の中心は在日朝鮮人の研究者だった。次第に日本人の歴史家も加わるが、限られた研究者の間のテーマという域から広がることはなかった。

虐殺事件に対する日本社会の関心は乏しいままに推移したのだ。それは多くの日本人にとって目をそむけたい事実、できることなら知らないですませたい過去であったことを示しているのだろう。戦後という空間を通して、関東大震災における虐殺をあいまいなままに放置することを日本社会は好んだといってもいいだろう。

二人の社会学者による論文が契機となり、議論が広がり深まっていたならば、新聞が膨大な誤報を生んだ原因や背景についての解明や社会の理解が進み、ラムザイヤー教授がこのような論文を書くこともなかっただろう。

この論文を私もこれまでに読んだことはなかった。新聞記者の端くれだった身として、不明を恥じるしかない。

第六章
虐殺はなぜ起きたのか

震災の様子を描いた画集の中の一枚。日本刀や竹やりを手にした自警団の活動を伝えている。自警団は在郷軍人を中心に構成されていた

1　虐殺の実像

かなりの数の新聞記事をここまでに読んできた。朝鮮人に加えられた暴行についての記事は、直接の目撃証言と判断できるものが多いが、驚かされるのはその残忍さだ。襲いかかった人が手にしていた中で目立ったのは鳶口であった。今日ではすっかり姿を消したが、頑丈な棒の先に鳥のくちばしのような尖った金属をつけた道具であり、主に丸太など木材を移動させるのに使われた。身近にある中ではおそらく最も殺傷力の高い道具であったのだろう。そんなもので襲われたらたまったものではない。

†軍や警察から奪って殺害

殺すことが目的だったとしか考えられない事例が多い。ラムザイヤー教授が紹介した河北新報の最後の一点（河北一九二三d）はそうした事件を伝える記事である。「護送中の鮮人を奪って虐殺／千葉県東葛飾郡の自警団青年団」という見出しで一九二三（大正一二）

年一〇月二二日の紙面に載ったものだ。

千葉県東葛飾郡でも不隠の流言に鮮人が不安に陥り、同郡八栄村北総鉄道工事場の鮮人工夫が危険に瀕したので、同会社から習志野騎兵連隊に保護を願い出で十三名の兵士が二十七名の工夫を護衛して五日午後船橋警察署に向う途中、避病院前に差しかかるや、同町消防組青年団十六七名が兇器を携え船橋署に後送する鮮人の引渡し方を迫り、兵士の姿没するや直にこれを虐殺して同町夏見仮埋葬場に埋めた(東京電話)

類似の事件は数多い。一〇月一七日の東京朝日新聞には「熊谷本町では五十八名惨殺」の記事が見える。

九月四日午後五時頃、東京方面で罹災した五十八名の労働者の一行が市外板橋で臨時憲兵分遣所の取調べを受け、その保護により十二名の警官が付き添って高崎に向かうべく中山道から午後七時頃、熊谷本町通りに辿りついた。しかるに同町の消防組を中心とする自警団員はじめ附近村落の若者らは日本刀、棍棒、竹槍などを携え、突如喊声をあげて一行を襲撃し、たちまち斬る撲るの暴挙に出で、悲鳴を挙げて逃げ惑うものを容赦なく熊谷寺附近まで追跡してついに道々全部を惨殺し、警官らも施す術を知らず、町民らもこの惨状に顔を背けるばかりであった。血に塗れた五十八名の惨殺死体は、同夜、新井助役が一同を指揮して荷車で同町柳原墓地に運び、翌朝までに焼却したが、当時、焼却を手伝った北町の入道竹さんこと初原竹松は死体の懐から多額の現金を得て、時ならぬ成金になったとの噂さえある。また同郡寄居町では六日、同町分署に保護中の一名が用土村消防手と青年らの襲撃を受けて殺され、妻沼町では長野県人某が虐殺され一箇月後、犯人検挙に際して図らずも自警団と警察官との間に大衝突を惹起したが、金沢師団の手で漸く取り沈めることが出来、犯人は目下厳重取調中である。

一〇月一六日発行の報知新聞夕刊には「二百名の自警団員が／警察に乱入十六名斬殺／群馬県藤岡町の暴行事件」という記事が載っている。

群馬県多野郡藤岡町の一部町民は震災後の混雑と流言に驚かされ自警団を組織し警

戒中のところ、去月二日午後六時頃、同郡鬼石町の自警団員らが埼玉県秩父町方面から逃げ込んできた菓子商斎藤某（二五）を藤岡署に拉致し、続いて四日夜、同郡新町、土木請負業鹿島組の輩下鳶職須賀金の手下十六名をも引捕え同署に検束して引き揚げたところ、前記斎藤某には何らの不審の点がないので同署では四日、放還し、工夫十六名だけを留置し監視中のところ、五日午後六時、藤岡町の自警団員と鬼石町の自警団員二百余名は警鐘を乱打して藤岡署に殺到、斎藤の放還を設楽署長に詰問したところ、同署長はその理由を弁明したけれども、昂奮した二百余名はさらに肯かざるのみか、ますます激憤しついに署内に乱入して手当たり次第に器物を破壊し暴行を働くとともに、同署裏の留置場にも闖入して、逃げまどう十六名を日本刀、竹槍、鳶口、猟銃、鉄棒等兇器を揮って惨殺した後、なおも署長官舎に押し入り、簞笥その他の器具を手当たり次第に破壊して引き揚げてしまった。

菓子の行商には朝鮮人が多かった。殺された一六人が「手下」や「工夫」と記されているのは朝鮮人と書くことを許されない段階だったからだ。

†「あんな惨ごいのは始めてだ」

一〇月二六日の東京日日新聞埼玉版は、虐殺された朝鮮人の遺体処理を手がけたという人の体験談を「あんな惨ごいのは始めてだ」として掲載している。

埼玉県下でも本庄町は例の虐殺数が多かったので、四日夜の警察署前や本町付近、筑波町及び八丁地内、熊谷寺境内、石原地内などは死屍累々眼を蔽わしめるほどであった。従って女子供などは全く生きた心もなく、戸を閉ざして息を殺していたが、警察でも町役場でも手の下しようもなくあれこれとまよった揚げ句、五日朝、町衛生組合常傭夫（七八）＝紙面では実名＝に片づけさせた。元来が避病院に起臥し死人の扱いなどは気にも留めない男だが、今度の死体取りかたづけには躊躇したそうである。何しろ血だるまのように紅に染まった五十近い死体を眼前に、とてもすぐには手を出せず、いそいで付近の居酒屋に飛び込み、枡酒をあおった後、荷車に載せてひとまず旧避病院跡の共有墓地に穴を掘って埋めたところ、臭気がひどいので付近の民家から苦情が多く、ことに充分な埋め方もしなかったので、片足出したり頭を土からのぞかせている始末に、犬やカラスが集まるので、同月八日さらに発掘し火葬に付し、大原地内の熊谷寺の共葬墓地に葬ったが、昨今ではこの虐殺を悔い、朝夕この無縁仏を弔うものがあって型ばかりの塔婆にそそぎ水をしたり花を手向けたりするものがある。

昨日、この男を訪れると「どうも驚きました。あの時はとても酒でもやらなければ手の出しようもありませんでした。私も明治一年からこの年まで、火葬場の仕事を一手に引きうけていましたが、あんなむごたらしい死体を扱ったことはありません」と仕事の手を休めて立ち上がった。

公然の空間での出来事だった。多くの人がその残虐さを目撃していたのだ。先にも紹介した読売新聞の社説は「この凄惨な残忍性は、果して日本国民に深く潜んでいる本質的なものであろうか。日本が戦争に強いのは果してこの残忍性を持つためであろうか。一体自警団とは平和の市民の集合であるはずだ。この人々にすらも、かかる過分の残忍性が、かかる場合にかく猛烈に発動するとすれば、これは国民性教育の将来にとって、大いに考えるべき問題である」と記していた。

†精神異常が原因なのか

その凄惨な残忍さをどう理解するのか。地震の衝撃で被災者が「精神異常」に陥ったという考えは最も流布したもののようだ。

一〇月二九日の函館日日新聞には「殺人自警団員／全部の精神鑑定」という記事が見える。

【東京電話】警視庁衛生部精神課では、目下王子病院に入院中の鮮人斬り自警団員の精神鑑定の結果、精神病者である事が判明したので、この際、震災当時のこの行為をなしたものは殆ど精神病者であるか、もしくは精神病的血液が流れているのではないかとて殺人自警団員すべてにわたり司法省と交渉して精神鑑定を試みることになった。右につき金子医学士は語る。「ローマの都を一夜にして灰燼に帰せしめたペテロは明らかに精神病者であったし、王子の例もそうであるが八割までは精神病者と認められ、直情径行者には得てこうした事がありがちで、鮮人襲来に恐怖して一時的に狂的状態に陥った結果、血を見て狂うたものが多く、すべて精神病者と思われる」云々。

だが、そのような解釈では理解できない事態が新聞には散見される。

一〇月二一日の東京朝日新聞は「米汽船上で／鮮人六名を殺す」として以下の記事を載せている。


九月一日、静岡県清水港を出帆した米国汽船プレジデント・ヂェファーソン号には、東京の罹災者見舞の為、静岡市民等が八十名乗船し、二日未明横浜に入港したが、四日朝上陸に際し、船員から「横浜市内は鮮人が乱暴を働いているから注意せよ」と注意され、その時、乗客は端なくも六名の朝鮮人が同船客にある事を発見し、一同忽《たちま》ち殺気立って二名の鮮人を殺し、残りの四名を海中に投じ、傍《かたわ》らにいた支那人の母娘をも誤って海中に投じた。

しかるに右乗客連は一隊となって上京の途、鶴見で自警団に誰何《すいか》されたが、一名は答弁要領を得なかった為めか誤って殺され、内懐《うちぶところ》にあった手帳によって和歌山県人なること判った。

見舞いの人たちまでが精神病とか精神異常だったということはないだろう。

朝鮮人と見れば、ためらうことなく無差別に殺していた。それはなぜだったのだろう。「不逞鮮人」は何をしようとしていると日本人は怖れたのだろう。

✝流言の何に怖れたのか

そもそも人々が耳にした流言とは、どのような内容だったのだろう。河北新報の紙面から震災直後の流言の内容を確認してみよう。

三日の朝刊は「山伯と火薬庫爆発説」として「山本権兵衛伯は大地震の最中、不逞鮮人のため暗殺されたという報がある。また不逞鮮人と反政府党が砲兵工廠赤羽火薬庫を爆発せしめたという噂がある」と報じている。加藤友三郎首相が八月二四日に病死しており、海軍大将の山本権兵衛がその後継に指名され組閣を急いでいた。日本の最高権力者が殺されたと二日には語られていたのだ。

三日の夕刊には「四百名の不逞鮮人／ついに軍隊と衝突／東京方面へ隊を組んで進行中／麻布連隊救援に向かう」との記事がある。「横浜から大森方面へ向けて不逞鮮人が邁進し歩兵一個小隊と衝突」と報じるものだ。同じ夕刊には「不逞鮮人六名銃殺／水戸連隊川口町へ急行す」との記事が見える。

四日の朝刊は「約三千の不逞鮮人／大森方面より東京へ」と報じている。横浜から隊列を組んで東京へ向かっているという朝鮮人の集団は、夕刊からの半日で三〇〇〇人にふくらんでいた。その行動を「放火、強盗、強姦、掠奪／驚くべき不逞鮮人暴行」「爆弾と毒薬を有持する／不逞鮮人の大集団／二日夜暗にまぎれて市内に侵入」と伝える記事も載せている。「銀行を破壊して／金を自動車で持ち去る」という見出しの記事は「二日、朝鮮人は神田を中心に焼けた銀行を破壊し在中の金を自動車に積み、何れにか持ち去った」と報じている。

四日の夕刊には、「両手に爆弾を握った／二名の鮮人捕縛さる／東京の危険言語に絶する」「鮮人の一隊／亀有付近に暴動／死傷多数の見込み」「殆ど全滅の横浜／看守が囚徒を指揮して／二千の不逞鮮人と戦う」といった記事が並んでいる。「全市を火で包もうとする鮮人等」という記事は（宇都宮経由）（東京電話）と二つのクレジットを重ね「不逞鮮人大活動を始め、井戸に毒薬を投入し、あるいは爆弾を投じ全市を火で包まんとしている」と、東京全体を焼き尽くそうという計画が進んでいると疑う様子なく報じている。さらに一面のコラム「新聞その日その日」は次のように述べている。「不逞鮮人の跋扈については電文詳細を照さず、充分真相を知り得ないが、彼らの平素の行動からすれば、いかにもありそうなことである。危急の場合の応急の手段としていかなる峻烈な手段に出づるも差支えない。徹底的に窮迫しておくがいい」

こうした記事が伝えているのは、人々が信じた流言の中心にあったのは、朝鮮人が集団として日本という国に戦いを仕掛けてくるという構図であったことだ。「不逞」とは「不平を抱き従順でない」という意味である。植民地にされた朝鮮人が、支配する日本に対して不平を抱いているという認識が日本人の間で共有されていたのだろう。「いかにもありそう」との思いは、ラムザイヤー教授も指摘していた一九一九年の三・一運動など日本支配に抵抗する朝鮮人の活動に根ざすものなのだろう。

だが流言はあまりにも荒唐無稽だ。この当時の朝鮮人の多くは各地の建設現場などに住み込みで働く労働者であり、散在した関東地方全域を合わせても一万数千人程度だった。ところが通信も交通も杜絶した震災の混乱の中、数千人規模の集団を組織し武器や爆弾を持って襲ってくると多くの日本人が信じたのだ。そしてためらいなく殺したのだ。

†各地で奪われた武器

新聞には、日本人の切迫した思いを物語る記事も目につく。
九月二九日の国民新聞には「軍銃事件判明」という記事が載っている。

去る二日午後七時頃、慶応大学の倉庫を破壊して格納してあった軍用銃千三百挺を奪い去った事件があるのを芝憲兵分隊と高輪警察署が共力して犯人厳探中であったが、この主犯と目される人は芝三田四国町三丁目四番地、電気器具商前川某で、本人の申し立てによると、当夜、芝はもちろん麻布方面の避難者が慶大の運動場に多数集合していると、警察官二名が自転車で駆けつけ「今朝暴徒四百余名が品川方面から襲撃して来ると言い廻ったので、自分はこの多数の避難者を救助する目的でかねて倉庫の中に軍銃のあったことを承知してたから、何分急の場合、交渉の余裕なく全く独断で破壊し銃を持ち出したので、自分の持ち出したのは青年団に配付して直ちに警備につかせたのである」と二百四十二挺を取り集め芝憲兵分隊に差し出したので、二十七日、同大学の調度係仁木氏に仮下渡をなした。その間、夜陰に乗じて運動場に置き去るものの多く、多数は戻ったが、なお五百余挺不足なので厳探中である。

奪った武器を実際に使った事件を一〇月二二日の報知新聞は伝えている。

二一歳と二二歳の男二人が大崎警察署で検事の取り調べを受けたとして、「九月二日午後六時頃、鮮人二千人が爆弾を携え押し寄せるとの流言を聞き、日宗大学から三十年式銃剣を掠奪し数十名の同志とともに荏原郡平塚村の三十七歳の材木商を突き刺し、棍棒で殴打し死に至らしめた」と伝えるものだ。

日宗大学とは立正大学の前身である日蓮宗大学のことで、殺された材木商は日本人だったようだ。

横浜では中学校などから持ち出された軍事教練用の銃が二〇〇〇挺に上ると聞いたことがあったが、そんなに多くの銃を誰が……とどこことなく信じられない思いがあった。だが、こうした記事を目にするとリアリティーが違ってくる。流言を耳にすると、銃が必要だと思う人が被災地の至る所に大勢いたのだ。それだけ流言が切迫して聞こえたのだろう。

銃を使うのは簡単なことではない。銃剣は単純な武器に思えるが、鋭利で危険なので、国内では刃のない状態で保管することを陸軍は原則にしていた。派兵される時に研いで刃を付けた。持ち出したからといっても、経験がなければ、そのままで使えるものではなかったのだ。

男性であればほぼ全員が兵士となった昭和の総力戦体制下とは事情が違っていた。徴兵検査に合格しても、実際に兵役を経験するのは一部の人に限られていた。その経験者である在郷軍人が中心となり組織されていたのが自警団であった。

さらに、この当時の在郷軍人には「不逞鮮人」との戦いを経験した人がいたことに注目せざるをえない。

日清戦争と同時に一八九四年に始まった東学農民軍との戦い、一九一〇年の韓国併合を前後した日本の支配に抵抗する義兵の鎮圧作戦で、日本軍は万という単位の朝鮮人を殺していた。一九一九年には三・一運動を鎮圧し、その後も満州やシベリアで、ゲリラ戦を仕掛ける「不逞鮮人」や「朝鮮人パルチザン」を相手に日本軍は戦っていた。

自警団の中心となった在郷軍人には、そうした朝鮮戦線からの帰還兵が含まれていたのだ。震災の混乱の中で、敵だと思い自警団が探し求めたのが「不逞鮮人」や「朝鮮人パルチザン」であったことは、朝鮮戦線との深いつながりを示している。ベトナムやアフガニスタンで過酷な戦場を体験し、心身に深い傷を負った帰還兵が米国やロシアでは社会問題となってきた。同じような体験をしても日本兵だけは全く平気だったなどとは思えない。

武装した朝鮮人が集団で襲ってくるという流言を耳にすると、武器を求めた人が大勢いたことは、そうした文脈の中で理解できるのではないだろうか。

2 帰還兵たちの経験

†体験を封じ込める仕組み

だが、そうした「在郷軍人＝帰還兵」の戦場体験が朝鮮人虐殺と関連付けて語られることはなかった。それはなぜだったのだろう。

ノンフィクション作家の保阪正康《ほさかまさやす》さんは、兵士の体験を封じ込める仕組みが日本社会にはあったことを指摘している。『戦場体験者　沈黙の記録』の中でこう記している。

戦後の日本社会は、一般兵士がその戦場体験を語ることを許さない暗黙の諒解をつくってきたのである。一般兵士たちに、「おまえたちが体験したことは銃後の国民に語ってはならない」という暗黙の強要が、とくに戦友会を通じて行われたといってもよかった。そのために一般兵士たちは、単に語るのをやめただけでなく、語らないということで、従軍とは別の形で国家に忠誠を誓うことになったのである。

保阪さんが取り上げたのは戦後の戦友会の組織であり、その役割として以下の七点をあげている。

①昭和陸海軍の軍事行動正当化
②戦史を一本化するための統制
③兵士相互が戦場での行為を癒やす
④戦後社会での人間的支援関係
⑤「英霊」に対する追悼と供養
⑥軍人恩給支給などの相互扶助
⑦選挙時の集票機関としての役割

取材した経験を保阪さんは次のように記している。

兵士たちは「非日常空間の異様さ」を日常空間の日々の中で、ときにフィードバックし、ときに自らの記憶に苦しめられるという病を持っている。そのときに同じ体験を持つ戦友会仲間と、部屋を閉め切ってお互いに微に入り細にわたって話し合い、慰めあう、そういう心理療法の空間になっている。このことを目撃したときに、私は日本社会の残酷さをむしろ自覚することになった。

中国戦線に従軍したある部隊の戦友会では、残虐行為をなした記憶に苦しむ兵士Aに、Bは「おまえだけじゃない。おれたちだって同じだ」といつまでも話し合っていた。彼らはそうして慰めあい日常空間に戻っていくのであった。

残虐行為を働いた元兵士や元将校は、その記憶に終生悩まされる。心の底にどれほど隠蔽しようとしていても、それは死の瞬間に浮上してくるほどの強さを持っている。元兵士たちのこの苦悩について、私たちの社会がより残酷に政治的に扱うことで、彼らは二重の苦しみを味わっている。足を踏んだ者は忘れても踏まれた者は決して忘れない、というのはまったくの嘘で、踏んだ者も決して忘れていない。

戦後の戦友会は任意団体であったが、戦前の在郷軍人会は陸軍の組織の一部だった。予備役や後備役の兵を統制、監視することを目的に、全国に組織を張り巡らしていた。戦友会よりもさらに厳格な規律と秩序が保たれていたことだろう。

「非日常的な戦場体験を語るな、という暗黙の掟はこの国の戦争観に奇妙な歪みを生むことになった」と保阪さんは指摘している。

同じような歪みが関東大震災の虐殺を見えにくくしているのではないだろうか。理解しにくいのは今日の私たちだけではない。当時の新聞ですら、なぜそれほど残忍なのか理解できなかった原因はそこにあったのではなかったのか。

逮捕された自警団員たちは、なぜ罪に問われるのか分からない、といった反応であったことを新聞は伝えている。警察に集まれというので、ご褒美に何かもらえるのだろうと思ったというような言葉も報じている。

耳にした流言は朝鮮や大陸での経験からすると十分にありえる事態であり、無差別の虐殺はそうした戦線において「不逞鮮人」に対し日常的にくり返していた行動だったのではなかったのか。

ところがそうした凄惨な戦場の現実は社会に知られることはなかった。だからこそ、同時代の人であっても理解できなかった。虐殺という形で爆発するように噴出したのは帰兵たちの忘れることのできない思いや恐怖だったのではなかったのか。

そんな思いがしてならない。

†震災一周年

関東大震災の発生から一年、一九二四年八月三一日の読売新聞に「暴動の計画なんて／馬鹿な噂さ／鮮人不穏の風評に／湯浅内務次官語る」という記事が載っていた。

震災の一周年が来て神経がとがりかけている処で、またまた馬鹿気た流言がどこからともなく起きてきた。鮮人が昨年の震災で迫害された復讐として、この一日にはかねて計画してあった大暴動を起こすらしいというのだ。前にも流言の本家らしかった横浜が第一番に騒ぎ出して至る処に自警団が始まり、五日までは震災当時と同じに徹夜して朝鮮人の暴動に備えようとしているが、これが段々東京へも流れ込んで来て東京もまたそここにそんな噂が出ている。

右について湯浅内務次官は語る。

「まだ何の報告にも接していないが、そんな噂を立てているのは馬鹿気た事だ。思想的にはどんな人があっても実際の危険な人間というものはそんなにあるもんじゃない。危険な事をすればその身もまた危険な事になる。例え悪い者があったとしても命がけで軽々とやる者はあるまい。

朝鮮人とて多数の人に迷惑をかけるような事はしない。仮に危険な人物があるとしても、そんな者には当局ではそれ相当に注意をしているのだから、今更自警団だなんだと騒がなくともよろしい。そんな事を心配しての自警団の必要なんかは些《いささ》かも無い。別に一日には新しい地震があるというのではなし、狼狽せずによく物事を考えてやる事だ。万事は当局に任せて安心して家業を励むべきである。

「朝鮮人は危険だ」という思いが社会に広がっていたことを伝えている。一年前に朝鮮人虐殺を招いた社会的な心情は何も変わっていなかったことを物語るのだろう。

一九二六年には三重県南端のトンネル工事現場で、朝鮮人労働者が地元の住民に襲われ二人が殺されるという事件が起きている。「爆弾を投げて逃走した」といった流言をもとに、山狩りも行われているが、ここでも在郷軍人は行動の中心であった。地元の側は「民衆の防御的行動」と主張したが、そのような考えは戦後になって地元の人が著した書籍でも引き継がれていると研究者は指摘している。

日本社会の考え方の基本的な枠組みは、戦後も大きくは変わっていなかったのではないだろうか。

†「虐殺否定」論の正体

関東大震災当時の新聞記事を読み進めるうちに、日本社会を揺るがした大混乱の基本的な構図が浮かび上がってきた。自警団などによる朝鮮人の虐殺は流言というフェイクニュースが原因だった。荒唐無稽な流言を信じさせた大きな要因は、「不逞鮮人」と対峙した朝鮮戦線からの帰還兵の抑圧された戦争体験にあったのだろうと思わせるものがあった。日本社会で弱い立場の人たちが兵士として「不逞鮮人」との戦いの前線に送られ過酷な戦いを強いられた。兵役を終えて郷里に戻ると、在郷軍人として管理され、米騒動の反省から警察が自警団を発足させる際に、その核として組み込まれた。そこへ震災が発生し流言が流れた。その内容は朝鮮戦線での体験を思い起こさせるリアリティーがあった。どうにかしなくては、身を守らなくてはとの思いから武器を求め、ためらうことなく朝鮮人を殺したのではなかったのか。震災に遭遇すると自警団には多くの地域住民が参加した。数の上では在郷軍人よりも多かったのだろう。そうした点をとらえ政府は、自警団は震災直後に突然誕生したことにして、責任を押し付けようとしたが反発が強かった。

もたらされたのは数千人を虐殺するという深刻な事態だった。全くなかったことにはできなかった。そこで責任を問われることなく処理しようとして権力の側が考え出した手段は、事実を曖昧にするために新たなフェイクニュースを流布するというものであった。そうして作り出された偽りの現実は、多くの日本人にとって快適な環境であり、その世界に日本社会は朝鮮人虐殺を押し込め、できるだけ触れないようにして今日に至ったといえるのではないだろうか。

そうしたフェイクニュースに振り回されメディアの主役だった新聞は大混乱に陥り、今になって記事を読んだだけでは、何が事実であったのか、なにが原因でそのような事態が引き起こされたのかが見えなくなっていた。同時に、あまりにも残忍であり、そのようなことがあったという事実でさえ、日本社会はいつしか信じられなくなり、信じたくなくなっていた。

隠された事実を掘り起こす作業や、惨劇の事実を語り継ごうという動きは市民レベルで地道に続けられてきたが社会に浸透するまでには至らなかった。

そして近年、韓国との関係が悪化し日本を批判する声が強まるのにつれ、「虐殺とはナチスやポルポトの所業であり、法治国家である日本ではありえないこと」「数千人も殺したなどという主張は日本人に対するヘイトだ」といった反発の思いや嫌悪の念を抱く人が増え、「虐殺否定」論を主張する本が刊行されるようになった。

そうした経緯の末にラムザイヤー教授の論文は登場した。基本的な枠組みは震災直後の黒龍会とも通底するものがあり、その主張は新しいものでないばかりか、日本社会に伏流していた思いをすくい取った側面すら感じさせるものであった。

「虐殺否定」論の正体とは、曖昧なままの方が快適だという、おそらくは日本社会の姿そのものなのだろう。

そう思えてならない。

おわりに

関東大震災の朝鮮人虐殺を考える時に大きな疑問が二つあった。

一つは、荒唐無稽にしか思えない流言をなぜ人々は信じたのか。

もう一つは、ためらうことなく人を殺したのはなぜだったのか。

今日では分からなくなってしまった社会的な背景があったのだろうと考え、明治以来の日本と朝鮮半島の関わりを調べてきた。その結果、浮かんできたのは日本軍が朝鮮半島でためらうことなく朝鮮の民衆を殺していたという歴史の数々であり、今日の日本人の視野から消えているそうした事実をまとめ『歴史認識　日韓の溝』として二〇二一年四月に出版した。

ラムザイヤー教授の論文が持ち込まれたのは、そのための作業が一段落したという段階だった。

歴史とは星座に似た存在だと思えてならない。点と点を結んで像を描くのだが、サソリであれ、オリオンであれ、みずがめであろうが、元の姿を知らなければ像は浮かばない。言葉を換えれば、知っている図に合わせて像を思い起こすといえるだろう。

ラムザイヤー教授の論文を検討するために、かなりの量の新聞記事を集めて読むことになった。それなりに当時の事情を知っているつもりだったのだが、その作業を通して思い知ったのは、知らなかった事実や事情のあまりに多いことだった。流言とはどのようなものか。虐殺とはどのような事態だったのか。当時の記憶や経験が日本社会に伝わっていないことをあらためて痛感した。

これでは点と点とがつながらない。鮮明な像を結ぶはずがない。

そうした思いと並行するように日々のニュースが気になった。

二〇二一年の年明け早々に米国ワシントンでおこった国会議事堂の襲撃事件は、現地からの映像に言葉を失った。

フェイクニュースという言葉は、二〇一七年に米国でトランプ大統領が誕生してからしきりに耳にするようになった。トランプ氏を批判するとか、トランプ氏にとって都合の悪い情報は基本的にすべてフェイクニュースだとして切り捨てられたとの印象があった。そのトランプ氏の発言には、フェイクニュースとしか思えないものが多かったのだが、当人は意に介する様子を全く見せなかった。

襲撃事件はトランプ氏が無責任に放ってきたフェイクニュースの蓄積がもたらしたもののように映り、どこか冷笑的な気分もあった。

だが、その後の展開は、それ以上に言葉を失うものだった。陰謀論としか思えないフェイクニュースを信じる襲撃犯の多くは悪いことをしたという意識に乏しいばかりか、事件の真相や責任は一向に明らかにならず、悪びれることのないトランプ氏は米国社会で強い影響力を保ち続けていた。

社会に力を持つフェイクニュースとは単なる嘘ではないことを思い知った。多くの人々が信じて疑わない嘘なのだ。社会や人々の中に、信じ込む背景が、待ち望む人や思いがある嘘だといえるのかもしれない。

そんな思いを抱くと、関東大震災がいくらか異なる姿で見えてきた。

流言とはフェイクニュースだったのだ。それを報じた新聞もフェイクニュースだった。何よりも、政府の処理そのものがフェイクニュースだったのだ。

米国での襲撃事件よりもはるかに大きな規模で、はるかに広範囲で、そしてはるかに破壊的に起きたフェイクニュースの爆発、それが関東大震災の朝鮮人虐殺だったのだろうと思えてならない。

相前後して、言葉を失う光景をまた目にすることになった。

ミャンマーでの軍事政権の振る舞いであった。何より衝撃を受けたのは、ためらうことなく民衆に向かって武器をふるう兵士の姿であった。

そうした映像を繰り返し目にしているうちに、数年前に取材で話を聞いた年輩の牧師さんの言葉を思い出した。日本を追放され移り住んだフィリピンで、日本軍に捕らえられ殺された米国人宣教師夫妻の人生を教えてもらったのだが、殺される理由があったとは到底思えなかった。

あまりに不条理で残忍だった宣教師夫妻の最期を知り、私が動揺、困惑しているのに気付いたのか、こう話してくれた。

「戦争とはどのようなものなのかを、今日の日本社会は分からなくなっているのではないでしょうか」

信仰の道を歩むようになったのは、学徒出陣で動員された中国戦線での過酷な体験からであったことを明かしてくれたうえで、こう語ってくれた。

「ためらうことなく人を殺せるように改造された人間、それが兵士なのです」

三〇以上も年長の牧師さんは、還暦を過ぎた白髪頭の私に諭すように語ってくれた。

ミャンマーからの映像に牧師さんの言葉が重なり関東大震災が結びついた。

あのような光景が一〇〇年前に、おそらくこの日本でもあったのだ。

ワシントンの混乱、ミャンマーでの惨劇という点と点が、一〇〇年という時空間を超えて関東大震災という点と結びついた。

虐殺という光景が、私の中で初めて具体的な像を結んだように思えた。

集団的な精神異常が引き起こしたハプニングなどとは到底思えない。社会に内包した矛盾が噴出したものだったはずだ。だが、日本人はそうした事実を突き詰めることなく、なかったことのようにして忘れることを望んだ。その結果、何があったのか、なぜそのような事態が引き起こされたのかを想像できなくなっているのだろう。

そのような記憶のすきまを突くように「虐殺否定」論が唱えられている。そうであってほしいと望む日本人の心情に向けて放たれる新たなフェイクニュースといっていいだろう。

そうした事態をどうとらえるかは人それぞれである。

見渡してみれば今日の日本社会は権力者の口から発せられるフェイクニュースであふれている。国会で重ねた嘘の発言でさえ、さほど咎められる様子がない。権力者に従順で波風を立てることをよしとしない。日本社会とはそのようなものなのだと考えれば、一〇〇年前に何があったかを考えることなど意味のないことなのかもしれない。

だが、私にはそうは思えなかった。このまま放置していいとは思えなかった。

何ができるかを考えこんでしまった。

それは私ひとりの思いではないだろう。

二〇二三年は関東大震災の一〇〇周年に当たる。それに合わせて全国の新聞記者が、それぞれの地域で何があったのかを調べてみたらどうだろう。かつての新聞記事を点検し、様々な制約があったために先輩の記者ができなかった当時の報道の総括を試みたらどうだろう。

先輩の記者が苦労して書いた記事が、「虐殺否定」論に利用されることがなくなるだけでなく、きっと多くのことが見えてくるはずだ。

数多くの新聞記事を読む作業を進めながら、自分がその立場にいたならばと繰り返し考えた。四〇年間の記者生活の中では地震の取材も経験した。

逃げようのない立場だったのは青森にデスク（支局次長）として勤務していて遭遇した

一九九四年の三陸はるか沖地震だった。年の瀬の一二月二八日のことだった。地震の発生は午後九時一九分であり、新聞の降版時間までどれほどの余裕もなかった。地元で配る新聞に記事がないことは許されない。とはいえ何人かの記者はすでに正月休みで不在だった。二〇日ほど後に阪神淡路大震災が発生し、すっかり忘れられた存在になってしまうのだが、マグニチュード七・六で、死者三人、負傷者七八四人、全壊七二棟、半壊四二九棟の被害となった。

被害は震度6を記録した八戸に集中したが、記者一人が勤務する八戸支局は被災し停電、機能不全の状態だった。

そのうちに八戸でパチンコ店が倒壊し生き埋めになっている人がいるという報が届いた。それが事実なら東京で出る最終版だけでも写真が欠かせない。

青森から八戸はほぼ一〇〇キロである。少ない記者の中から、一年生の野村周君と二年生の鵜飼啓君に八戸行きを命じた。

冬の青森、それも夜間の運転になるが「できるだけ早く現場を目指せ」と命じた。寒かったが、雪は降っていなかったと記憶している。

八戸には対潜哨戒機を運用する海上自衛隊の航空基地がある。東京から飛んで来た自社の飛行機がそこへ着陸し待機し、若い二人の記者が撮ったばかりのフィルムを運び込んだ。滑走路の周辺の雪を集めて現像し、飛行機の中から写真を電送した。地元では見ることのない紙面に載せる一枚の写真だったが、どうしても届けなくてはいけない強い責任感を私は抱いていた。

インターネットのサイトやSNSに情報があふれている今日の感覚からすると、意味のない努力のように思えるかもしれない。だが新聞記者とはそのようなものだった。非常時にこそ最新の情報を届けなくてはいけない、まして他社に負けることは絶対に許されない。奇怪に映るかもしれないが、デスクの私も若い記者も思いは同じだったはずだ。

関東大震災の混乱の中、大阪を目指すようにと命じた編集幹部も、それを実行した若い記者たちも、心情は同じだっただろうと思えてならない。

その記者の名前を一人ひとり社史に記した思いも理解できる。大変な苦労をかけた。そして危険を乗り越えしっかりとやり遂げてくれた。

八戸へ急いだ二人は見上げるように立派な記者に育ったが、この夜のことは、その後何度も聞かされた。

「信号は止まるなと命じられたので、とにかく八戸まで突っ走りました」

おそらく私はそう命じたのだろう。無責任だと責められても仕方ないのだが、この点について実は私には記憶がない。

無我夢中だった。

午前三時ぐらいまでかけて青森での仕事を片づけると、八戸へと向かった。現地の状況を見なくてはとの思いもあったが、それ以上にしなくてはいけないことが沢山あった。応援の記者を派遣するとの連絡を本社から受けていた。だが、八戸支局は使用不能なので、応援を受け入れるにも取材基地をどこかに設営しなくてはならなかった。

八戸への道路はあちこちで段差や亀裂ができていて、注意しないと大きな衝撃があった。止まるまでもなく信号はあらかた消えていた。到着したのは日の出のころで、八戸市役所の本庁舎が歪んでいたことが強く記憶に残っている。

電気と電話、水道を確保できて宿泊可能な施設を探す必要があった。断水は広範囲にわたっていた。旅館やホテルを回り、非常用に井戸を備えているビジネスホテルを見つけ、一階のレストランを借りて取材本部を設けた。携帯電話はまだ普及していなかったので、電話の臨時回線を引いてもらい、ファクスをレンタルする手続きを進め、駆けつけた応援の記者に取材の指示をしながら、全国向けと地元向けの原稿をまとめていった。

そうこうするうちに一睡もせずに二日が過ぎた。

関東大震災の記事と記録を読みながら、かつてのそんな経験がよみがえった。災害時の新聞作りとは綱渡りのようなものであった。体力と気力の限界への挑戦のようなものであった。

関東大震災はスケールがはるかに大きく、通信や交通の事情も違っていた。取材をするにも、記事を送るにも、新聞を発行するにも、困難はさらに大きかったはずだ。それでも当時の新聞人はひるむことなく勇敢に事態に立ち向かっていたように私には思える。

誤報は確かに多かった。流言を拡散し虐殺の原因となったとの批判は強く、確かにその通りだった。だが、その場に私がいたならばと考えると、そうした誤報を避けることができたとは思えなかった。

残念だったのは、なぜそのような流言を信じ惨劇が引き起こされたのかという方向に報道が深化できなかったことである。政府のメディア対策によって、真偽を定かに判断することが不能な状態に陥り、記事の訂正も修正もできなかったことが大きかったように私には思える。

そして当事者たちが世を去ると、膨大な誤報と曖昧で怪しげな記録、さらにおぼろげな記憶が残されたのだ。

かつて新聞というメディアがあった、と語られる日が遠からず来るのだろう。そうした環境の大きな変化は、今日よりさらに、あの時に実際、何があったのかという像を結びにくくするだろう。携帯電話が登場する前に記者人生を歩み始めた私は、古い時代の新聞作りを知る最後の世代なのかもしれない。その経験と知識が多少なりとも役に立てば幸いである。

参考文献

朝日新聞社社史編修室『朝日新聞七十年小史』（一九四九年、朝日新聞社）
朝日新聞社社史編修室『朝日新聞の九十年』（一九六九年、朝日新聞社）
今井清一『横浜の関東大震災』（有隣堂、二〇〇七年）
今井清一『関東大震災と中国人虐殺事件』（朔北社、二〇二〇年）
伊藤正徳『新聞五十年史』（鱒書房、一九四三年）
印刷局『職員録．大正十二年』（国立国会図書館蔵、一九二三年）
大阪毎日新聞社『大阪毎日新聞五十年』（大阪毎日新聞社、一九三二年）
大畑裕嗣・三上俊治「関東大震災下の「朝鮮人」報道と論調　上・下」（『東京大学新聞研究所紀要』35・36号、一九八六・八七年）
小笠原強・宮川英一「関東大震災時の中国人虐殺資料を読む」（『専修史学』五八号、専修大学歴史学会、二〇一五年）
小笠原強・宮川英一「関東大震災時の中国人虐殺資料を読む（二）」（『専修史学』六一号、専修大学歴史学会、二〇一六年）
河北新報社『河北新報の七十年』（河北新報社、一九六七年）
河北新報創刊百周年記念事業委員会『河北新報の百年』（河北新報社、一九九七年）
加藤直樹『九月、東京の路上で』（ころから、二〇一四年）
加藤直樹『トリック「朝鮮人虐殺」をなかったことにしたい人たち』（ころから、二〇一九年）

加藤康男『関東大震災「朝鮮人虐殺」はなかった！』（ワック、二〇一四年）
姜徳相『関東大震災』（中公新書、一九七五年）
姜徳相『［新版］関東大震災・虐殺の記憶』（青丘文化社、二〇〇三年）
姜徳相・琴秉洞編『現代史資料6　関東大震災と朝鮮人』（みすず書房、一九六三年）
関東大震災五十周年朝鮮人犠牲者追悼行事実行委員会・調査委員会編『歴史の真実——関東大震災と朝鮮人虐殺』（現代史出版会、一九七五年）
金静美「三重県木本における朝鮮人襲撃・虐殺について」（『在日朝鮮人史研究』一八号、在日朝鮮人運動史研究会、一九八八年）
北原糸子『関東大震災の社会史』（朝日新聞出版、二〇一一年）
黒龍会編『黒龍会三十年事歴』（黒龍会、一九三一年）
後藤周『研究ノート』（私家版、二〇〇九～二〇一一年）
信濃毎日新聞「百年の歩み」編集委員会『百年の歩み——信濃毎日新聞』（信濃毎日新聞社、一九七三年）
中央防災会議・災害教訓の継承に関する専門調査会『第二期報告書・1923　関東大震災』（内閣府ホームページ、二〇〇六年）
鉄道省編・老川慶喜解題『関東大震災・国有鉄道震災日誌』（日本経済評論社、二〇一一年）
東京朝日新聞社編『関東大震災記』（東京朝日新聞社、一九二三年）
中園裕『新聞検閲制度運用論』（清文堂出版、二〇〇六年）
日本電信電話公社電信電話事業史編集委員会編『電信電話事業史2』（電気通信協会、一九五九年）
樋口雄一「自警団設立と在日朝鮮人」（『在日朝鮮人史研究』一四号、在日朝鮮人運動史研究会、一九八四年）

保阪正康『戦場体験者　沈黙の記録』（ちくま文庫、二〇一八年）
藤井忠俊『在郷軍人会』（岩波書店、二〇〇九年）
毎日新聞社社史編纂委員会編『毎日新聞七十年』（毎日新聞社、一九五二年）
宮地忠彦『震災と治安秩序構想』（クレイン、二〇一二年）
山田昭次編『朝鮮人虐殺関連新聞報道史料1〜4巻・別巻』（緑蔭書房、二〇〇四年）
山田昭次『関東大震災時の朝鮮人虐殺とその後　虐殺の国家責任と民衆責任』（創史社、二〇一一年）
山田昭次『関東大震災時の朝鮮人迫害　全国各地での流言と朝鮮人虐待』（創史社、二〇一四年）
山根真治郎『誤報とその責任』（日本新聞協会附属新聞学院、一九三八年）
吉村昭『関東大震災』（文春文庫、二〇〇四年）
吉田律人『軍隊の対内的機能と関東大震災——明治・大正期の災害出動』（日本経済評論社、二〇一六年）
渡辺延志『歴史認識　日韓の溝』（ちくま新書、二〇二一年）
Ramseyer, J. Mark『PRIVATIZING POLICE: JAPANESE POLICE, THE KOREAN MASSACRE, AND PRIVATE SECURITY FIRMS』（The Social Science Research Network Electronic Paper Collection, 2019）
Ramseyer, J. Mark『On Privatizing Police: With Examples from Japan』（The Social Science Research Network Electronic Paper Collection, 2021）

ちくま新書
1596

関東大震災《かんとうだいしんさい》「虐殺否定《ぎやくさつひてい》」の真相《しんそう》
――ハーバード大学教授《だいがくきようじゆ》の論拠《ろんきよ》を検証《けんしよう》する

二〇二一年八月一〇日　第一刷発行

著　者　渡辺延志（わたなべ・のぶゆき）
発行者　喜入冬子
発行所　株式会社 筑摩書房
東京都台東区蔵前二-五-三　郵便番号一一一-八七五五
電話番号〇三-五六八七-二六〇一（代表）
装幀者　間村俊一
印刷・製本　三松堂印刷 株式会社

ISBN978-4-480-07419-5 C0221

ちくま新書

1565
歴史認識 日韓の溝
――分かり合えないのはなぜか
渡辺延志
日本人が当事者でありながら忘れ去った朝鮮の民衆の苦難の歴史。その真相を新たな研究成果や資料をもとに探りつつ、日韓歴史認識の溝を埋める可能性を考察する。

1075
慰安婦問題
熊谷奈緒子
従軍慰安婦は、なぜいま問題なのか。背景にある戦後補償問題、アジア女性基金などの経緯を解説。特定の立場によらない、バランスのとれた多面的理解を試みる。

1503
元徴用工 和解への道
――戦時被害と個人請求権
内田雅敏
日韓関係に影を落とす元徴用工問題。解決済とする日本政府も補償を求める彼らの個人請求権は認めている。戦後75年間放置されている戦時被害を直視し和解を探る。

1589
大正史講義
筒井清忠編
大衆の台頭が始まり、激動の昭和の原点ともなった大正時代。その複雑な歴史を二六の論点で第一線の研究者が最新の研究成果を結集して解説する。決定版大正全史。

948
日本近代史
坂野潤治
この国が革命に成功し、わずか数十年でめざましい近代化を実現しながら、やがて崩壊へと突き進まざるをえなかったのはなぜか。激動の八〇年を通観し、捉えなおす。

933
後藤新平
――大震災と帝都復興
越澤明
東日本大震災後の今こそ、関東大震災からの復興を指揮した後藤新平に学ばねばならない。都市計画研究の第一人者が、偉大な政治家のリーダーシップの実像に迫る。

1483
韓国 現地からの報告
――セウォル号事件から文在寅政権まで
伊東順子
セウォル号事件、日韓関係の悪化、文在寅政権下の分断……二〇一四～二〇年のはじめまで、何が起こり、人びとは何を考えていたのか？ 現地からの貴重なレポート。

ちくま新書

1210
日本震災史
——復旧から復興への歩み
北原糸子
度重なる震災は日本社会をいかに作り替えてきたのか。有史以来、明治までの震災の復旧・復興の事例に焦点を当て、史料からこの国の災害対策の歩みを明らかにする。

995
東北発の震災論
——周辺から広域システムを考える
山下祐介
中心のために周辺がリスクを負う「広域システム」。その巨大で複雑な機構が原発問題や震災復興を困難に追い込んでいる現状を、気鋭の社会学者が現地から報告する。

532
靖国問題
高橋哲哉
戦後六十年を経て、なお問題でありつづける「靖国」を、具体的な歴史の場から見直し、それが「国家」の装置としていかなる役割を担ってきたのかを明らかにする。

1365
東京裁判「神話」の解体
——パル、レーリンク、ウェブ三判事の相克
D・コーエン
戸谷由麻
東京裁判は「勝者の裁き」であり、欺瞞に満ちた判決だったというのは神話に過ぎない。パル判事らの反対意見の誤謬と、判決の正当性を七十年の時を超えて検証する。

1292
朝鮮思想全史
小倉紀蔵
なぜ朝鮮半島では思想が炎のように燃え上がるのか。古代から現代韓国・北朝鮮まで、さまざまに展開されてきた思想を霊性的視点で俯瞰する。初めての本格的通史。

1002
理想だらけの戦時下日本
井上寿一
格差・右傾化・政治不信……戦時下の社会は現代に重なる。その時、日本人は何を考え、何を望んでいたのか？体制側と国民側、両面織り交ぜながら真実を描く。

1132
大東亜戦争　敗北の本質
杉之尾宜生
なぜ日本は戦争に敗れたのか。情報・対情報・兵站の軽視、戦略や科学的思考の欠如、組織の制度疲労——多くの敗因を検討し、その奥に潜む失敗の本質を暴き出す。